道是风雅却寻常：

宋人十二时辰

魏策 著

中国民族文化出版社
北京

图书在版编目（CIP）数据

道是风雅却寻常 ：宋人十二时辰 / 魏策著. -- 北京 ：中国民族文化出版社有限公司，2020.6（2024.1 重印）
ISBN 978-7-5122-1360-9

Ⅰ. ①道… Ⅱ. ①魏… Ⅲ. ①社会生活—历史—中国—宋代 Ⅳ. ①D691.9

中国版本图书馆 CIP 数据核字（2020）第 084238 号

道是风雅却寻常：宋人十二时辰
DAO SHI FENGYA QUE XUNCHANG SONGREN SHIER SHICHEN

作　　者　魏　策
责任编辑　郑　毅
出 版 者　中国民族文化出版社　地址：北京市东城区和平里北街 14 号
　　　　　邮编：100013　联系电话：010-84250639 64211754（传真）
印　　刷　小森印刷（北京）有限公司
开　　本　787mm×1092mm　1/32
印　　张　13.5
字　　数　178 千
版　　次　2024 年 1 月第 1 版第 4 次印刷
标准书号　ISBN　978-7-5122-1360-9
定　　价　58.00 元

前言

如果说，要在中国的历史上选一个最具风雅、最懂风情、最为风流、最有风采的朝代，宋代定然能当之无愧、高居榜首。

宋人的风流、雅致是浸润到骨子里的，上至王公贵族，下至贩夫走卒，人人举手投足间，皆可见风韵流转。

一卷《清明上河图》勾勒出宋代繁荣的商业经济，“正店”“刘家上色沉檀拣香”“香饮子”……这些店铺招牌后，传达的是怎样的讯息？背后又有怎样的故事？

宋人的日常作息、劳作休闲，看似寻常至极，可是细细品来，桩桩件件，却都有无尽风雅之意。

有些很会享受的宋人早起之后连洗脸水都是花钱买现成的，早餐更是不在自家开火——花钱能解决的事儿，全都不算事儿。他们蹴鞠、捶丸、投壶、打马球，甚至还有女子相扑。夜市小吃也名目繁多：荔枝膏、梅子姜、乳糖浇、澄沙团子、水晶皂儿、滴酥水晶鲙……光听名字，就已令人垂涎欲滴。无论男女老幼，他们都会把娇艳的花朵簪在鬓边，实力诠释“幸福像花儿一样”。

那么，会吃、会玩、懂生活的宋人是如何度过一日的？

本书将带领大家走进“风雅之宋”，在“十二时辰”中，如宋人一般，体验“香球熏被”“全民簪花”“含香奏对”“雅歌投壶”“点茶画汤”“红袖添香”等风雅之事。

目录

目录

古代中国把一天的时间划分为十二个时辰，即每个时辰相当于今天的两个小时。

十二时辰制，在西周时就已经开始使用，是当时的人们根据一天之中太阳出没的自然规律、天色的变化以及人们日常的生产活动、生活习惯而归纳总结的计时称谓。从二十三点开始，汉代依次命名为：“夜半”“鸡鸣”“平旦”“日出”“食时”“隅中”“日中”“日昳”“晡时”“日入”“黄昏”“人定”。

除了上面的叫法，十二时辰也用十二地支来表示，以二十三点至一点为子时，一点至三点为丑时，三点至五点为寅时，以此类推。相传这种十二时辰的划分方式，是古人根据中国十二生肖中的动物活动特性来命名的。

本书名为“宋人十二时辰”，但由于“子时”多数人都在梦乡之中，故而书中描述的内容实际为“十一时辰”。

丑

第一章

丑时：

四更晨钟鸣，

行者报晓声

丑时，一点整至三点整。此时为“四更天”，又被称为“鸡鸣”“荒鸡”，据说公鸡会于此时打鸣，而牛在这时吃完草，准备开始耕田。此时夜色沉沉、天色如墨、万籁俱寂。

这个时刻本来应是人们睡得正熟的时分，可是据宋人吴自牧所著的《梦粱录》记载，山寺道观的修道之人已然起床，敲响晨钟，开始早课，掀开了一天的新篇章。

各处庵舍的行者头陀，或打着铁板，或敲着木鱼，行走在大街小巷，为睡梦中的人们“报晓”。报晓声可以认为是最早的“天气状况推送”，睡得迷迷糊糊的宋人要想知道天气如何，也不必起床推窗，只需在被窝中竖起耳朵，便可知晓。

如果是晴朗天气，报晓人便会拖长声音大声吟唱：“天色晴明——”。另外，如果听到“大参——”“四参——”“后殿坐——”这样的报晓声也表明

今日定会艳阳高照、晴空万里。如果天阴，则会报“天色阴晦——”；倘若下雨天，那可简单多了，就一个字“雨——”。

这天气预报主要是“唱”给文武百官和有公差的人听的，一些需要很早起床出门的其他人等也可以“蹭听”，提醒大家根据今日天气做好出行准备。若天气不错，多半便可以再继续眯上一小会儿；若是雨雪天气，行路艰难，恐怕就得早做准备。

报晓的行者头陀十分辛苦，不管春夏秋冬、四时寒暑、风霜雨雪，都不敢缺席不报。报晓者没有薪酬，只是在每月的初一、十五，以及逢年过节时，挨门延户乞讨一点斋粮。这样苦累的差事做到风雨无阻、全年无休，也算是出家人的一种修行方式吧。

南宋杭城的御街之上，那些早点摊贩“闻钟而起”，在这时也开始做早餐售卖的准备工作：捅炉生火、淘米和面、洗菜切肉。宋代的早餐十分丰富，有“烧饼、蒸饼、糍糕、雪糕等点心者”，也有“细色异品菜蔬”这样的下饭小菜，丁香馄饨更是当时人气颇高的早点。更有一些面食店，通宵买卖，夜市

宋 张择端《清明上河图》局部

清院本《清明上河图》局部

刚刚收摊，紧接着又迎来早市，这大概就是中国最早一批二十四小时营业的餐饮店了。

宋代商品经济高度发达，懂生活的宋人也将“生意”拓展到了生活的方方面面——大清早起床，自然是来不及、也懒得开火烧水、做饭。《东京梦华录》与《梦粱录》中都有记载：每天一大早，就“有卖洗面水，煎点汤茶药者”“又有浴堂门卖面汤者”，所以都城的寻常百姓家早上也可以选择不开火。与其辛辛苦苦地生炉子，不如去洗面汤铺，直接买漱口水、洗脸水！至于早餐，更不用操心，只需不到二十文钱就可以从早点摊上随便买点儿包子、“炒肺”、粥饭之类的早餐。吃完之后，潇洒地直接去工作地点上班。

多么会生活的宋人啊！

寅

第二章

寅时：
半卷流苏帐，
晓添龙麝香

寅时，三点整至五点整。此时为“平旦”，又被称为黎明、早晨，是夜与日的交替之际。据说，老虎通常爱在此时出来捕食猎物，这个时刻的老虎最为凶猛。

此时天色未明，正是沉醉于黑甜乡中的好时光。如果是在冬日里，温暖被窝的诱惑更大。若是要上朝的官员，那么无论寒暑，这时便要从床上爬起来，进行梳洗了。

一、风雅四闲事，香作红线牵

在宋朝的文人士大夫中，有四般闲事颇为盛行：焚香、点茶、挂画、插花。这“四般闲事”，并非“闲极无聊”的“闲”，而是“悠闲自得”“闲适自在”的“闲”，因此，又被称为“四般雅事”。

宋人对这四件事十分看重，王公贵族自不必说，家境富庶的人家，也会请精通此道的老师来教导自家儿女。《梦粱录》云：“烧香点茶，挂画插花，四般闲事，不宜累家。”这“累家”二字，正与“行家”意思相对，表示这么悠闲雅致、十分有品位的事情，必须让行家来操作，不能让外行人随意倒腾来破坏了这般美好的情致。

焚香，是宋人生活中必不可少的一件美事，居于“四雅”之首，其地位的重要性可见一斑。

宋代是一个气味文明的时代，风雅的宋人对于香气的喜爱，大概胜于以往任何一个朝代。皇室赏赐朝臣香品以示恩宠；文人士大夫之间以斗香为雅趣；富庶人家互赠名香为礼；行走在市井巷陌中，也有“顶帽披肩”身着全国统一职业装束的香人。

所以，若说宋人生活点滴如珍珠；这“香”，就如一根串起珍珠的红线，贯穿宋人整个生活的始终。人们早起会以香熏被，梳妆盥洗会使用香油和香露涂

古人生活中，处处离不开香 （图：张旭明）

发，以香膏和香粉敷面，衣裳之上必须熏香，官衙、朝堂之上焚香更是必不可少。

至于宋人出门乘坐的“宝马香车”并非虚指，而是真的能够“留香满路”的车驾——车上悬挂两枚碗口大小的香球，其内熏香，所以是货真价实的“香车”。

《清明上河图》中的牛车

宋代的官眷每岁入宫朝见宫中贵人时，乘坐牛车，车驾两旁分别跟随一个小丫鬟，各执一枚香球，内熏上好香料；贵妇坐于车内，两

宋 张择端《清明上河图》局部：牛车和小轿

手也各执一枚小香球，香气袭人，十分妩媚。贵家女眷出行乘坐的轿子中也常熏染名贵香料。通常有权势地位的人家，还会请专人调制独特的香方，以与众不同的香味来彰显自家的身份、地位。

那时的王公贵族之家，已经开始私人定制“专用香品”。其香气远熏，各家不同，以至于当时汴梁和临安的时尚人士，很多都能够“闻香识人”——远远的香气迎风飘来，不必看清车驾上的标识，便可以通过香味识别出是谁家。那时他们站在街边的对话大约如此：“嗯，这香气清幽，有如深谷幽兰，应该是签书枢密院事家。”“嚯，这霸道的香味，里面还有脑麝之气，应是镇国大将军家无疑了。”

宋代的男子与女子一般，对香气也非常迷恋，诸多王公将相、文人名士都爱香如命。

其中有名者如黄庭坚，他在《贾天锡惠宝薰乞诗予以兵卫森画戟燕寝凝清香十字作诗报之·其五》一诗中，就写到“天资喜文事，如我有香癖。”带有几分文人的骄矜，自诩有“香癖”。黄庭坚一生写下香方无数，其中以“意和香”“意可香”“深静香”“小宗香”最为有名，虽然这四款香并非黄庭坚所创，但因与他有关，而被世人称为“黄太史四香”。甚至传说，《香十德》也是黄庭坚所作。不过《香十德》的原文并未在中国的史料文献中找到，而是从日本传回中国。因原文落款为“山谷”，内容又很好地阐释了香的诸般妙处，所以后人第一时间想到的就是“香癖”黄庭坚（黄庭坚号“山谷道人”，别称“黄山谷”）。不过这也可能是其他人假托黄山谷之名所作，或者根本就是一个同名巧合。

至于苏轼、欧阳修、蔡襄等人，关于香的逸闻趣事就更是不胜枚举了。比如，苏轼特别爱香，也喜欢把香作为礼物送给自己看重的人。一次苏辙过生日的时候，苏轼就把一尊檀香雕刻的观音像，以及自己制作的印香粉、银香篆送给弟弟作为生辰贺礼。当然苏轼作为文豪，除了物质礼物，精神礼物自然也不能少，一首《子由生日，以檀香观音像及新合印香银篆盘为寿》，于香气缭绕中剖白心思：

旃檀婆律海外芬，西山老脐柏所薰。

香螺脱黡来相群，能结缥缈风中云。

沉香山子：竹林七贤（陈明伟作品）

一灯如萤起微焚，何时度尽缪篆纹。

缭绕无穷合复分，绵绵浮空散氤氲。

……

此心实与香俱煮，闻思大士应已闻。

元符二年（1099年）二月二十日，是弟弟苏辙六十大寿的生辰，谪居海南儋州的苏东坡，更是以一块海南沉香山子和一篇文采斐然的《沉香山子赋》作为赠礼。海南沉香，在古代的价值就已是“一片万钱”。苏轼在文中，通过赞美珍贵的海南沉水香，来赞美弟弟的美好品质和兄弟俩之间的深厚情谊。令人读之如闻其香："矧儋崖之异产，实超然而不群。既金坚而玉润，亦鹤骨而龙筋。惟膏液之内足，故把握而兼斤。"

婉约派的著名词人李清照，出身书香门第，简直无一日可离香。"薄雾浓云愁永昼，瑞脑消金兽"（《醉花阴·薄雾浓云愁永昼》）"香冷金猊，被翻红浪，起来慵自梳头"（《凤凰台上忆吹箫·香冷金猊》）"沈水卧时烧，香消酒未消"（《菩萨蛮·风柔日薄春犹早》）……她的诗词中，香出现的频率极高，可见香在她生活中已无处不在。

《全宋词》共收录将近两万首词作，其中，香竟足足出现了六千五百次！不难想象，香在宋代文人的生活中占据了何其重要的位置。

宋 刘松年《秋窗读易图》局部：文人的书桌前便有一个香炉

庞大的市场需求量极大地促进了宋代的香药贸易。当时，占城（今越南部分地区）、安南（今越南）、真腊（今柬埔寨）、渤泥（今加里曼丹岛北部文莱一带）、大食（今阿拉伯国家）等国都向宋朝进贡香料，并进行香药贸易。宋朝在广州、泉州、明州（今浙江宁波）、杭州等地设立市舶司，掌管海外贸易，职能与今天的海关相类似。

市舶司承担了绝大部分为朝廷供给香料的职责，通过海外贸易运达宋朝的香料等商品，按比例“抽解”后供给朝廷，据宋代朱彧《萍洲可谈》中记载：“以十分为率，珍珠、龙脑凡细色抽一分，玳瑁、苏木凡粗色抽三分。”也就是说，龙脑香这样的高档香药，取总数量的10%作为关税；而苏木这样普通的香药，取总数量的30%作为关税。

然而，只是“抽解”所得的香药远远不够，所以市舶司还会对一些皇室和朝中勋贵需求较大的香药进行采购，称之为“博买”。据《宋会要辑稿·职官四四》记载：宋太宗太平兴国元年（976年），朝廷向市舶司下诏：“今后遵守祖宗旧制，将中国有用之物，如乳香、药物及民间常使香货并多数博买，内乳香一色，客算尤广。”

香料：乳香

南宋初年，朝廷年收入约一千万缗，市舶司的收入是其中的重要部分，占全国总收入的将近五分之一，而香药贸易收益则占了市舶司约四分之一的收入。

在《清明上河图》中，有好几处与香有关的场景，其中最为大家津津乐道的就是一处店铺门前挂着“刘家上色沉檀拣香”的招牌。“刘家”，主人家姓刘；“上色”指的是品质一流、上等；“沉檀”为沉香、檀香；“拣

宋 张择端《清明上河图》局部：刘家上色沉檀拣香

香”指的是乳香。这个招牌上所写的内容，并非是指这家店铺只卖沉香、檀香和乳香，而是指连沉檀、拣香这样珍贵难得的香料，在店中都有上等货色，更遑论其他的高级香料，自然一应俱全、皆为上品。

准确说来，这个“刘家上色沉檀拣香”的招牌并非是店铺名称，而是类似今天的一种“专卖许可证”。宋代沉香、檀香、龙涎香、苏合香、薰陆等香料属于禁榷物品，和盐、酒、茶等商品一样，由政府统一管理，实行专卖，这家店铺挂出这样的招牌，说明已经取得政府许可，售卖的是来路可靠的“榷香”。

宋 张择端《清明上河图》局部：赵太丞家

《清明上河图》左边还有一家铺子，是个诊所，上有招牌“赵太丞家”，门口充作广告的牌子上写着“治酒所伤真方集香丸”“大理中丸医肠胃冷”，都是针对肠胃不适而配制的可食用香丸。我国古代“香”“药”同源，很多流传甚广的香方都是功效卓著的药方，不少疗效甚好的药方也是上佳的香方。很多医家也都是深谙调香之道的玩香高手，而对药理完全不通之人，则很难调制出色的和合香。

香球内部结构（图：张旭明）

香球

二、环环锁金囊，金鉔熏被香

早上起床之后，盖了一夜的被子中充满了潮湿之气，还有捂了一晚上的汗臭味，需要以香来熏被，祛湿除味。

这时便会用到一件有意思的香具：香球，也叫“金鉔”“被中香炉”“卧褥香炉”。这香球为金属所制，外部整体是镂空的球体，从中一剖为二，香球的盖子与底部各为半球形态。上下半球一侧通过铰链连接，另一侧则以勾、环来控制香球开闭。球体内有两个同心圆组成的平衡环，中间铆接一个半圆形的金属小盂。小盂中承装香料，不管香球怎样滚动，香碗始终不会倾覆，里

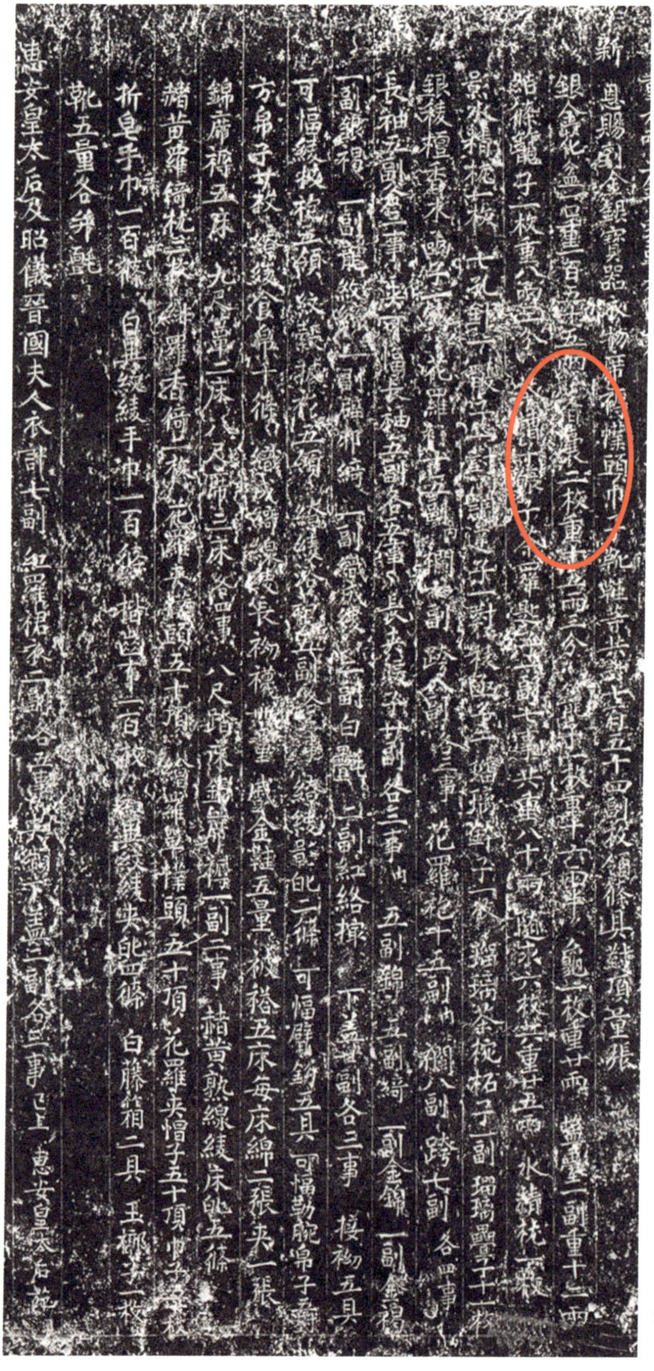

法门寺地宫物帐碑上有
“香囊二枚”字样

法门寺地宫出土鎏金雀鸟纹银香囊

面所装的香料也就不会撒落出来。这种使香盂平衡的陀螺仪原理，直至17、18世纪，欧洲人才得以掌握。

因为香球这一特性，所以可以安心将香球放于被中熏香，也不必担忧香料撒落，点燃被褥。

关于香球，还有一个名字，叫“香囊”。据说当年唐玄宗西逃入蜀，途经马嵬坡时，他心爱的女子杨贵妃被赐自缢后草草下葬。玄宗返回长安之后，思念佳人，命人偷偷去寻杨贵妃尸身，想要重新好好安葬。结果派去的近侍回宫后复禀道：“肌肤已坏，而香囊犹在。”说罢，呈上了香囊，玄宗便将香囊带在身上，日日睹物思人。

这段旖旎浪漫又带点血色的故事，有一个不解之谜：为何肌肤都已朽坏，可是香囊仍旧完好？后人更是凭空杜撰出了无数传说，为这个故事添枝加叶。如：杨贵妃本是瑶台仙女，历劫结束之后回归天庭，只留下香囊让玄宗一解相思。传说虽然浪漫，却是无稽之谈。

这一千古之谜在1970年陕西西安南郊何家村遗宝出土后，初现端倪——其中的珍宝里有一枚葡萄花鸟纹银香囊，不过当时的人们并不知道这就是香囊，而是称之为“熏球”。而在1987年陕西扶风县法门寺地宫的考古发掘之后，终于得解——法门寺不但出土了两枚大小不一的鎏金雀鸟纹银香囊，更重要的是，在记录了法门寺地宫物品清单的物帐碑上，赫然有“香囊二枚”字样。和地宫物品一一对应下来，今人终于知道这“金属圆球”便是古人所说的“香囊”。

至此，人们也才终于知道，原来杨贵妃当时佩戴的香囊，正是这内有平衡环的“银香球”，因其为金属所制，所以哪怕“肌肤已坏”，可是“香囊犹在”。正如唐人张祜在《太真香囊子》一诗中所言：“蹙金妃子小花囊，销耗胸前结旧香。谁为君王重解得，一生遗恨系心肠。”

这种金属香囊，多为金银所制，大可盈尺，悬挂在车驾上，宝马雕车香满路；中则如鹅卵，悬挂床帐之内，熏香被褥；小则可如核桃一般大小，随身携带，香身香体。到了冬日里，除了熏香的同时，还可以暖手，崇尚精致生活的宋人，自然对其爱不释手。李清照在黄昏时节小酌，其“有暗香盈袖”，大抵也是因为袖中藏了一枚这样的香囊吧。

香球（图：张旭明）

卯

第三章

卯时：月明立傍御沟桥，
弄妆照花前后镜

卯时，五点整至七点整。此时为“日出”，又被称为日始、破晓，是太阳刚刚跃出地平线，冉冉初升的这段时间。

富庶人家的仆从，通常在这个时候就要“上岗”开始一天的工作了。主持中馈的主母——就是执掌家中管家大权的女子，她们会在装扮停当后，在贴身仆妇的陪同下，在后院厅堂听管事回禀事情，处理庶务。

卯时是古代官署开始办公的时间，所以又称“点卯”。不用上朝的普通官员需要到达官署“打卡”签到；而这个时候，需要上朝的朝官早已抵达宫门之外，等候上殿了。

如果是在夏天，日色已现；可若是在冬日，没准儿月亮还挂在天边，天色仍晦暗不明，正是“月明立傍御沟桥，半启宫门未放朝”。有史料记载，曾经有官员因为天不亮就赶着去上朝而不慎失足从御桥上跌落入水中淹死，因公殉职。

一、荷叶托首的小幸福

那些在宫门外等候上朝的官员因为起得特别早，多半都来不及好好吃早餐，又困又饿，站在宫门外等候的时间就变得格外漫长。年富力强的官员还好说，一些上了年纪的官员简直就如风中落叶，瑟瑟发抖。于是一些机智的官员，便命仆从给自己准备一把交椅，在等候的时候先歇一歇。这交椅的设计也很妙，用木头雕刻一张“荷叶”，然后以一柄插于靠背之后，作为“托首”，可以仰头小睡片刻。

带荷叶托首的交椅

明 仇英《梧竹书堂图》局部：明人画作中的交椅，依然可见荷叶托首

不过，谁会想到这么实用的发明，传说竟然和宋朝的大奸臣秦桧有关。据宋代张端义的《贵耳集》记载："今之校（交）椅，古之胡床也，自来只有栲栳样，宰执侍从皆用之。……京尹吴渊奉承时相，出意撰制荷叶托首四十柄，……凡宰执侍从皆用之，遂号太师样。"原来当时秦桧任太师，下属京尹吴渊为了讨好他，特意"研发"了荷叶形状的托首装在椅子上。令人意想不到的是，这加了"托首"的交椅十分实用，竟然以"太师椅"的名号迅速获得上层社会的青睐，尤其为那些苦哈哈地等候上朝的官员带来了一份小幸福。

宋 佚名《春游晚归图》局部

《春游晚归图》中的扛椅仆人

南宋著名史学家王明清，在他的一部史料性质的笔记著作《挥麈录》卷三《靠背交椅自梁仲谟始》中，也记载了一个关于这种交椅的故事：南宋绍兴初年(1133—1136年)，梁仲谟时任临安知府，往待漏院时，看见有官员因躺在胡床上假寐而被旁人嘲笑。所以，当有人向他推荐说：最近见到一种交椅，样式很不错，是用木头雕刻成荷叶的模样，“叶柄”能插在靠背的后面，仰面躺下的时候，荷叶正好可以托在脑后，大概很适合待漏院的官员们使用。梁仲谟欣然接受，说：“当试为诸公制之。……又明日入朝，则凡在坐客，备一张易其旧者矣，其上所施之物悉备焉。莫不叹伏而谢之。”

梁仲谟为同僚准备的这些带荷叶托首的交椅，受到了大家的一致好评。自此，这种便于人们“仰首而寝”的交椅，得到了进一步的推行。宋画《春游晚归图》中，就有一名仆人肩扛带着荷叶托首的太师椅。

二、含香奏对，古代官员的口香糖

早在汉代时，应劭所著的《汉官仪》中便对官员上朝时的礼仪制度有了明确规定，其中记载“尚书郎含鸡舌香,伏奏事,黄门郎对揖跪受。故称尚书郎怀香握兰，趋走丹墀。”

据说，这一规定最早和一位大臣的乌龙事件还颇有渊源：年迈的侍中被汉桓帝赐了一枚“钉子状”的物事，令其含在口中。侍中大人感到嘴里辛辣麻蛰，以为是毒药，回家含泪叮嘱家人为其预备后事。所幸家中正好有一名见多识广的客人，认出了那枚“钉子”并非毒药，而是珍贵的鸡舌香。这时才明白皇帝深意：爱卿口臭，往后随侍朕身边时务必要多加注意啊！

这虽是虚惊一场，但从此以后，官员口含鸡舌香便渐渐成为上朝时的必要程序。

如果说其他朝代的官员还需要文书来要求、规范，才能香喷喷地上朝，宋代的皇帝则完全不必有此顾虑。

这些嗜香、爱香的大宋君臣，在用香的道路上你追我赶，根本停不下脚步。

宋徽宗算得上是宋代的“头号文艺青年”，这样风雅的人物，自然是须臾离不得“香”的。在他执政期间，宫中用香风气富贵奢华，从宋人叶绍翁所撰的《四朝闻见录》中可见一斑：在宋徽宗执政的政和、宣和年间，“宫中以河阳花蜡烛无香为恨，遂用龙涎、沈脑屑灌蜡烛，列两行，数百枝，焰明而香郁，钧天之所无也。”只因为蜡烛没有香气少了一分意趣，就把昂贵的龙涎香、沉香、龙脑香加入其中，直接大量熏烧，实在是大手笔！

宋代名臣蒲宗孟是一个喜欢用香的雅士，他在自己用的口脂、面药（约等于今天的面霜）中掺入各

鸡舌香

香膏

种珍贵香料，不但“功效更甚”，而且还芳香宜人。

而另一位名臣翰林学士梅询更是个有趣的妙人，他每日出门前，都会先在家中熏香：取两只香炉分置两侧，将公服左右衣袖各罩在其中一只香炉之上。等到香气盈满衣袖，他便小心地捏住袖口起身出门，到了办公处所坐下后，再将袖口放开，轻挥衣袖，让香气盈满整个办公场所。梅洵不但喜欢用香，在和合新香上也总是特别有创意。他所和合的香方深受皇帝赏识，宋真宗和宋仁宗两位皇帝都很喜欢，甚至有时召见梅洵并无政事商议，只是为了闻赏梅洵所制的新香、探讨香方。这位香喷喷的梅学士，与一位不爱洗澡的窦元宾形成鲜明对比，所以时人有“梅香窦臭”之说。

当然，窦元宾这样的人物，在宋代绝对是罕见的奇葩。毕竟绝大多数宋人都是嗜香如命、无香不欢的。

三、当窗理云鬓，对“照”贴花黄

不用上朝、出门工作的女子，此时便可坐在妆台前，慢慢精心梳妆打扮、整理仪容。不过在宋代，女子梳妆之时，对着的那面铜镜可不叫“镜”，要称“照”或“鉴”。著名的湖州镜便是从北宋时期开始铸造的，到了南宋时期，湖州镜的工艺已经十分精湛；其中尤以“石家”作坊最为了得。有几面流传至今的湖州铜镜背面都铸有铭文，如：“湖州石家照子”“湖州真石家念二叔照子”“湖州石十郎照子”等。这些都是当

湖州石家照子

朝天髻

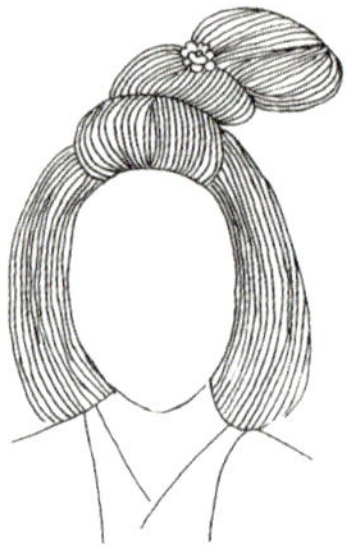
堕马髻

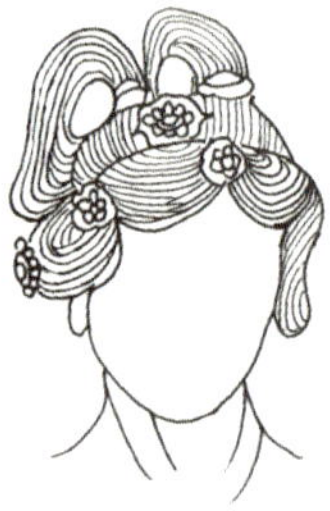
双蟠髻

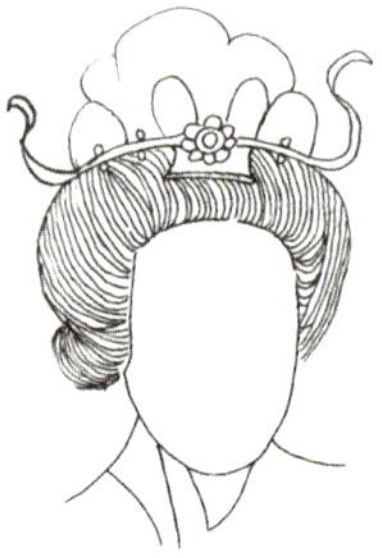
包髻

时制镜作坊的名字，可见宋人已经很有“商标”品牌意识了。至于为何把“镜子”称为“照子”或“铜鉴”，这是为了避讳：宋太祖的爷爷单名“敬”，所以宋代的“镜子”便得换个名字了。

宋代女子的发式，既有承袭了晚唐五代奢华、夸张的高髻，又有清雅平易的低调发髻。

朝天髻是当时颇为时髦的发型，从山西晋祠的北宋宫女彩塑中，可以清楚地看到朝天髻的梳法：先将头发梳至头顶，再编结成两个对称的圆柱形发髻，由后朝前搭，让发髻朝向前额，微微上翘。为了让发髻保持朝上的态势，还需要在髻下垫上簪钗花钿等发饰，髻上也会装饰上各种珠花宝饰，十分华丽贵气。

堕马髻也是时人最为常用的发式：挽一个高髻，松松地垂向一边，插上小梳子和珠花，很是亲切可爱。

双蟠髻，又叫龙蕊髻，髻心很大，在双根处会扎上彩色丝带。

包髻也是当时很常见的发式。将头发造型完成后，用绢帛一类的布巾将发髻包上，再用鲜花、珠宝装点。绢帛可以做成各种花型，别有韵致，也可以起到一定的防尘、护发作用。

要想梳出好看的发型，对于发量有很高的要求，可惜并非人人都天生丽

宋 佚名《女孝经图》局部：宋代女子服装发式

宋 佚名 《歌乐图》局部：宋代女子服装发式

宋神宗皇后坐像：皇后头戴礼冠十分华丽

质，拥有一头乌黑浓密的头发。为了让发髻看起来更加饱满美丽，宋代女子已经开始在自己的发髻中加入别人的头发，甚至直接用别人剪下的头发编结制成不同款式的发髻，使用时直接戴在头上即可，深受懒人和发量稀少人士的喜爱。这种假髻被称为“特髻”“特髻冠子”，或者“髮髢”。由于假髻的需求日益增大，因此在两宋时，很多大城市已经设立专门制作和销售假髻的作坊、商铺。

宋代宫廷侍女花冠

另外，宋代女性还很喜欢戴冠，其种类繁多，款式多样，令人目不暇接。

宋代女冠从材质上来分，有珠冠、花冠、白角冠等。珠冠是以金银丝串珍珠而成的冠饰，其上通常还会装饰彩色宝石，制作精美绝伦，是十分昂贵的奢侈品。而花冠则是宋代女子十分普遍的头饰。花冠风在唐朝时已较为流行，到宋时发展到鼎盛之态，上至王公贵族、下至黎民百姓，几乎每个时尚女子的妆奁内，都有花冠。初时花冠皆为鲜花所制，但由于鲜花保鲜期太短，不利于保存使用，宋人便用绢帛丝罗制作仿真花，替代鲜花制作花冠。当时有一款花冠，是将四时花卉齐齐插在冠上，谓之“一年景”，因其寓意一年之中的生活都繁花似锦、富贵荣华，所以深受欢迎，风靡一时。

从适用场合来分，有礼冠和便冠之别。礼冠的佩戴者须是后妃和内外命妇，并且只有在参加重大的庆典时才可佩戴。礼冠均为珠冠，从等级上可以分为仪天冠、龙凤花钗冠、九龙花钗冠、花钗冠。不同品级的礼冠，其上饰品规格都有明确规定，不可逾制僭越。《宋史·舆服志》记载：“中兴，仍旧制。其龙凤花钗冠，大小花二十四株，应乘舆冠梁之数，博鬓，冠饰同皇太后，皇后服之。”命妇礼冠“第一品，花钗九株，宝钿准花数，翟九等；第二品，花钗八株，翟八等；第三品，花钗七株，翟七等；第四品，花钗六株，翟六等；

梅妆，梅花钿

第五品，花钗五株，翟五等”。由此可见，从宋代始，朝廷首次将凤冠和花钗冠确定为后妃和命妇的正式礼冠，严格仪制，纳入冠服章程。

不同于唐代女子夸张的化妆手法，宋代女子的妆容崇尚清新淡雅，自然韵致。如果偶有审美略差一点的女子，涂了浓艳妆容出门，就会有文人嘲讽其为“鼓子花”或“米囊花”——宋人用这种花色浓艳得有点过分的罂粟花来比喻不懂时尚、浓妆艳抹的女子。

和今日的“烟熏妆”“糖果妆”“晒伤妆”一样，宋代的那些时尚妆容也赫赫有名：红妆、泪妆、檀晕妆、梅妆、淡妆、佛妆、素妆等。

红妆，在脸颊轻扫殷红胭脂、唇点艳红口脂。这种妆容喜庆靓丽，又可以显得气色很好，深受上流社会贵女青睐。

梅妆，也叫梅花妆，据说源自南朝寿阳公主的一个美丽传说：寿阳公主在含章殿檐下小憩时，一朵梅花正好落在公主额间，拂之不去，十分好看。过了三日，这朵梅花才被洗落。后人仿此，在额间画上梅花或者贴上梅花钿。梅花妆娇俏妩媚，很受年轻女子喜爱。

淡妆，又叫薄妆，是在脸部薄薄地施上一层细粉，和现代流行的“裸妆”颇为近似。“欲把西湖比西子，淡妆浓抹总相宜”。看来大文豪苏轼不但文字功底了得，对彼时女子的时尚妆容也了然于心。

宋 苏汉臣 《妆靓仕女图》局部

江西德安南宋周氏墓出土 如意纹银粉盒

泪妆，用白色铅粉点在眼角，模仿眼泪，故名。不过泪妆虽可呈现楚楚可怜的姿态，但因略显轻浮又寓意不吉，多为欢场女子或者妾侍所用，勋贵人家女眷和坊间正室甚少用此妆。

此外，还有一种特别的装扮方式，叫做“额黄”，是在额部涂上黄色的妆粉，这种妆容据说在宋代宫中很盛行，所以又名“宫黄”。如果涂在眉间，则称“鸦黄”或者“眉黄”。

宋代女子使用的化妆品，较之唐代更为丰富。

铅粉，是当时女性使用频率最高的妆品，其特点是色泽洁白、质地细腻，多用作打底妆粉，让面色洁白、肤质柔细。但如长期使用，也会造成铅中毒，可惜宋人并不知道这一点。铅粉在当时使用广泛，人们甚至用“铅华”来指代化妆，用“洗尽铅华”来指代卸妆。

玉女桃花粉，是宋代十分有名的药妆品：用十两益母草灰，加入二两煅石膏、二两滑石、二两蚌粉、一钱胭脂，加上壳麝调配而成。其中壳麝是指麝香的包囊，并不研碎掺入粉中，只是将其与粉一同储于罐内，取其香味。玉女桃花粉的成分中并没有桃花，所得其名，一是因为其中加入胭脂，有些微粉色，状如桃花；二是指常用此粉能够祛斑、除粉刺，令肌肤光滑，肤色粉嫩如桃花。毕竟这种粉经过无数宋人女子的实践，证明功效卓著，“驻姿容，甚妙”（宋·陈元靓《事林广记》）。

宋代宫廷女子妆容

花粉，是指加入了玫瑰、素馨等花朵香汁而制的铅粉，除了改善面色，还有怡人芬芳。

眉妆，唐末以前的女子多用“黛（一种青黑色的颜料）”来画眉，所以诗词中，常有“远山眉黛”的说法。宋人赵彦卫在《云麓漫钞》中提到：“前代妇人以黛画眉，……今人不用黛而用墨。”所以宋代女子画眉时兴用专门的“画眉墨”。这种画眉墨是以小火煨之的上好烟墨制成，再用手涂抹，称作“熏墨变相”。（宋·陶谷《清异录》）宋时眉妆淡扫、浓抹都很时兴，各有拥趸，可不管是“拂镜浓扫眉”还是“纤眉淡淡扫”，都要女子先将自己本身的眉毛全部剃掉，再用眉墨细细描出中意的眉形。

宋代粉盒与粉扑

胭脂，是面脂和口脂的统称，因为可以渲染好气色，也是宋代女子大爱的妆品。最早期的胭脂是用红蓝花汁所制，其名称的由来，有说是因其为“燕国所产”，也有说因其中加入了油脂才得名。除了红蓝花汁，宋人还发现紫铆也可以用来做高

盛装的宋钦宗皇后

级胭脂，“紫铆状如糖霜，结于细枝上，累累然，紫黑色，研破则红。今人用造绵烟脂，迩来亦难得”。“绵胭脂”是指为了便于保存，把色料浸在压实的丝绵薄片中的一种脂粉，和今天女性爱用的“气垫”粉饼颇有几分相似之处。宋人对胭脂的需求量极大，专营胭脂的店铺便应运而生。《梦粱录》中记载了临安城里众多的知名店铺，“修义坊北张古老胭脂铺”与“染红王家胭脂铺”大概就是当时胭脂中的知名品牌店了。

唇妆，以唇脂（也叫口脂）涂抹。除了娇俏艳丽的红色之外，沉稳低调的檀色，也是宋代女子喜欢的“色号”。另外，除了女子，宋代的男子也很爱用口脂，多数是为了防止嘴唇龟裂，也有一些风流男子是为了显得“面如冠玉，唇若涂朱”。喜爱香气的宋人，还常常会在口脂中加入香料，“香吻”一词，在宋人那里，或许并非虚指吧。

至于手部，宋代女子早已深谙美甲之法：将艳红的凤仙花捣碎后，加入少许明矾，制成染甲花汁。将花汁敷在指甲上，缠上布条过夜，前一两次颜色较为浅淡，连染三五次，指甲即可艳若胭脂。只要染法得当，甲色能保持十几二十天，也不会被洗掉（宋·周密《癸辛杂识续集》）。这种点染指甲的方法，真是一点也不比今日的指甲油逊色！当时就连七八十岁的老妇人也很爱染甲，看来爱美之心，无分年纪。

所谓“闻香识美人”，对于嗜香如命的宋人而言，身上怎么可以没有香气呢？除了随身佩戴香囊之外，宋人还有一种香身妙物——蔷薇水。蔷薇水又称为荼蘼花露、蔷薇露、大食水等，是从域外传入中国，用白金为甑，采蔷薇花蒸馏而成的液态香品。

宋人蔡绦的《铁围山丛谈》谈到了进口蔷薇水的过人之处：大食国的蔷薇花因为本身十分馥郁，所以制成的蔷薇水香气浓烈，虽然贮存于琉璃瓶中，还用蜡密封，但是其香味仍然能从中透出。涂洒于衣裳之上，数十步外都能闻到香气，十余天过后，香气仍然不会消散。如此香醇的花露，浓度大概应该接近精油级别了吧。

宋代琉璃瓶：
定州北宋塔基地宫出土文物

据宋人张邦基在《墨庄漫录》中关于蔷薇水的记载：“近禁中厚赂敌使，遂得其法煎成，赐近臣。”看来，宋代皇室不但很喜欢蔷薇水，甚至不惜花费重金求得制作方法，还将制成的蔷薇花露赏赐给近臣。

其实不止皇室，宋代民间也极爱这芳香怡人的蔷薇水，所以坊间也会模仿中东人提取蔷薇水的方法来制作花露，不过因为香气浓烈的上等蔷薇花材比较难得，所以选用素馨、茉莉花来替代，做出的花露虽然已经很香，但和真正的大食国蔷薇水比起来，仍是远远不及。“……但视大食国真蔷薇水，犹奴尔。”（宋·蔡绦《铁围山丛谈》）

蔷薇花露如此金贵难得，宋代贵女都以拥有一瓶为傲。正是“美人晓镜玉妆台，仙掌承来傅粉腮。莹彻琉璃瓶外影，闻香不待蜡封开”（宋·虞俦《广东漕王侨卿寄蔷薇露因用韵》）。

宋 佚名《盥手观花图》局部

四、万数簪花满御街

有道是“人比花娇”，只有以娇嫩的花儿做对比，才能愈发显出美人的靓丽容颜，所以花是陪衬美人儿不可缺少的事物。当然在宋代，美丽的花朵不但是女子的所爱，同样也是男子的心头好，甚至有过之而无不及。

纵观古今，宋人对花的热爱完全达到了空前绝后的程度。南北朝时期，插花主要被用于佛堂前的供花。到了隋唐时期，插花开始兴旺起来，但主要盛行在宫廷之中。而至宋，插花达到全盛时期，上至帝王将相、下至平民百姓，各个都爱花儿，实属空前之态。

宋 李嵩《花篮图》

富贵人家自不必说，每日房中都要有精美的插花摆放。如《盥手观花图》中，身份高贵的宫妃一边在侍女的服侍下洗手，一边还不忘转头细细观赏放在花几上的花束。从画中女子欣赏中带着满意、自矜的神态，我们不难联想到，也许这束漂亮的插花，正是这位贵族女子刚刚完成的作品。

清　钱慧安《簪花图》：
清人笔下的宋代男子簪花风尚

至于普通人家对插花之事也是极为热络，可以说，宋人把“家中有花”视为幸福生活的标配。欧阳修在《洛阳牡丹记·风俗记第三》中写道：“洛阳之俗，大抵好花。春时城中无贵贱皆插花，虽负担者亦然……大抵洛人家家有花……”其实“好花”不仅是“洛阳之俗”，大概宋代全国上下的人们都很乐意日日、处处、时时有花相伴。

到了宴请宾客时，讲究的宋人更是要请排办局的花艺专业人士来负责插花事宜。诗人高翥在《春日杂兴》中就写道：“多插瓶花供宴坐，为渠消受一春闲。”

除了在瓶中插花观赏，爱花的宋人还很喜欢“簪花”。所谓“簪花”，就是把娇艳的花朵插戴在发髻或冠帽上的一种装饰方式。女子簪花，自古有之，可是男子簪花，绝对要算宋朝服饰的特色之一。

虽然自唐朝开始就有男子簪花的记载，但是那也局限在王公贵族之间，到了宋代，男子簪花已然成为一种潮流之风——上至君王、下至平民，不论男女老少、尊卑贵贱，都以“簪花”为时尚。

《宋史·舆服志》中记载：“中兴，郊祀、明堂礼毕回銮，臣僚及扈从并簪花，恭谢日亦如之。”在一些大型的庆典活动，如郊祀祭天或明堂大礼之后，皇帝要给臣工赐簪戴之花，所赐的花朵可以是时令鲜花，如牡丹、芍药、蔷薇等，也可以是用绢或者罗、帛等织物制成的假花，不同官阶等级，所赐的花也不同。比如用大罗所制的花有红、黄和银红三种颜色，这是用来赏赐百官的；栾枝用杂色罗所制，“卿监以上有之”；大绢花有红色和银红二色，“以赐将校以下”。“太上两宫上寿毕，及圣节、及锡宴、及赐新进士闻喜宴，并如之。”（元·脱脱等《宋史》）并且，皇帝赏赐的花，官员必须亲自簪戴回自己家中，如果不戴或者让仆从持戴，都会受到相应的惩处。“凡预大宴并御筵，其所赐花，并须戴归私第，不得更令仆从持戴，违者纠察”（元·脱脱等《宋史》）。可见，在宋代，男子簪花不只是风尚，更已经成为礼制。

据《梦粱录》记载，皇帝祝寿御筵时，“赐宰臣、百官及卫士、殿侍伶人等花，各依品位簪花。”皇帝会在节日宴请中赐花给臣工，以示恩宠；而皇帝本人，“亦簪数朵小罗帛花帽上”。正如南宋诗人杨万里在《德寿宫庆寿口号十篇》中所写：“牡丹芍药蔷薇朵，都向千官帽上开。”

宋 苏汉臣《货郎图》局部：货郎的鬓边簪着小花

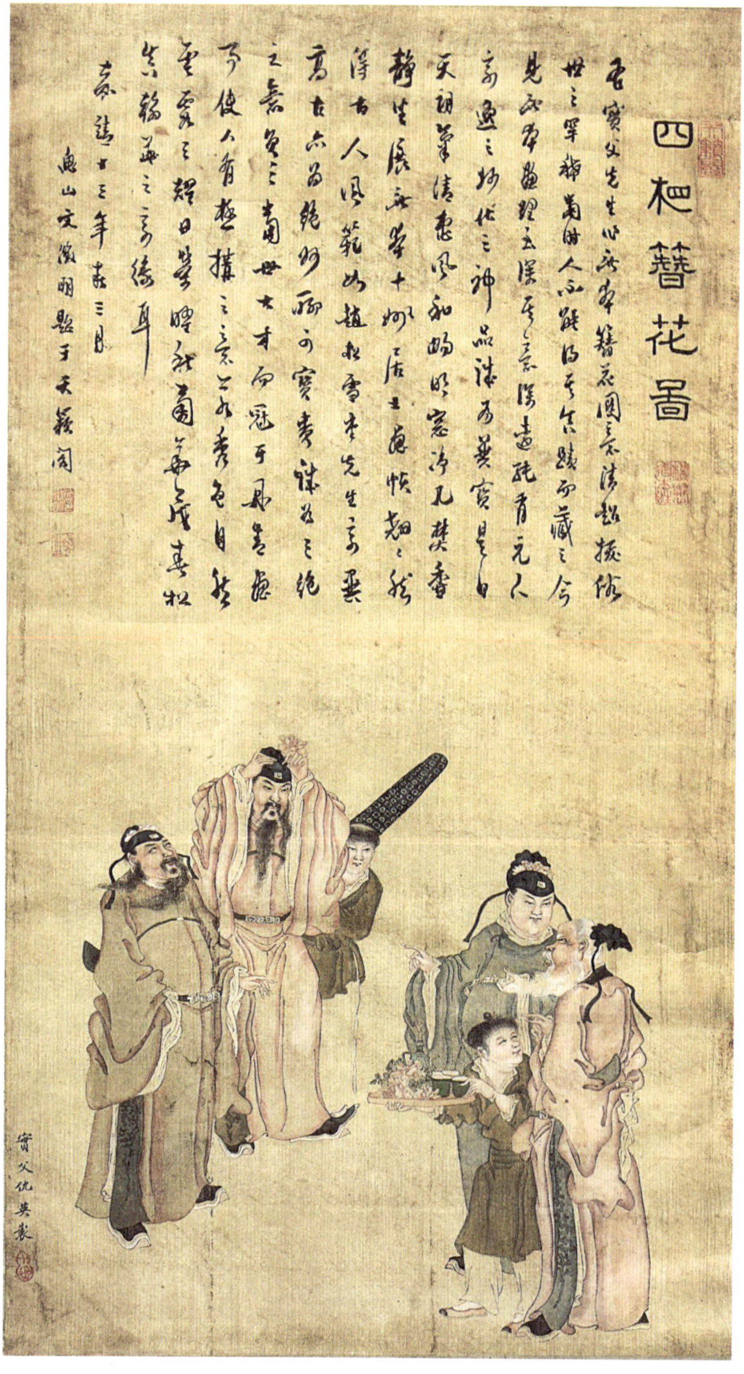

明 仇英
《四相簪花图》

宋代第一风雅皇帝宋徽宗，更是男子簪花风尚的“超级拥趸”。他自己出行归来时“御裹小帽，簪花乘马”，和他同行的“前后从驾臣寮（僚），百司仪卫，悉赐花”（宋·孟元老《东京梦华录》）。身体力行地带着一干文武百官，为大宋男子簪花风尚“实力代言”。他甚至还规定自己的贴身近侍，头上要簪“翠叶金花”一枝，以此作为自由出入皇宫大内的特殊“通行证”。《水浒传》第七十二回中，柴进就是钻了这个空子，用计弄到了王观察的“翠叶金花”作为“通行证”，才如愿混进皇宫。

上有所好，下必甚焉。

连皇帝都亲自倡导男子簪花风尚了，臣民们自然也会跟风而上。

富贵闲人们自不必说，市井小民也乐意跟风，“虽贫者亦戴花饮酒相乐”。

北宋苏汉臣和南宋李嵩笔下的《货郎图》中，那些笑眯眯的货郎，虽然都一把年纪了，可是他们也不忘在鬓边或头顶簪上一朵小花，俏皮又灵动。大约这就是苏轼所说“人老簪花不自羞，花应羞上老人头”。

《水浒传》中，梁山一百零八将里，也有好几位是热爱簪花的铁汉：“病关索”杨雄，“鬓边爱插翠芙蓉”；“短命二郎”阮小五，“鬓边插朵石榴花”；“浪子”燕青则人如其名，并不固定喜欢一种花，他在鬓畔簪戴的是时令的四季花卉；甚至“眉浓眼大性刚强”的小押狱蔡庆，因为生来爱戴一枝花，直接被唤作“一枝花蔡庆”……

不过，宋代簪花风如此盛行，除了皇帝倡导、百姓风流，据说还和一个典故相关。

沈括的《梦溪笔谈》中，有一个“四相簪花”的故事。

北宋扬州太守韩琦的后花园中，有一株芍药，“一干分四歧，歧各一花，上下红，中间黄蕊间之”。这种花瓣为红色，中间有一圈黄蕊的芍药，形似身穿红色官袍、腰系金带的官员，所以被称为“金缠腰”“金带围”。传说此花一开，寓意加官；一枝四杈，四朵同时开花，更是祥瑞至极。所以当时韩琦便邀请了恰好在扬州的王珪、王安石、陈升之一同观赏。宴饮赏花之时，韩琦剪下这四朵“金缠腰”，每人各簪一朵。说来也奇，此后三十年中，这次赏花宴中簪花的四人，竟然都先后做了宰相！这就是有名的“四相簪花”。

虽然这只是传说，但是让“簪花”这件风雅的事情沾染上了升官的“祥瑞之气”，得到了更多人的追捧。加上花通“华”，寓意富贵通达，追求荣华吉祥的宋人，自此更是将“男子簪花”之俗推到了一个新高度——《东京梦华录》中记载：“游人如织，子弟多有簪花者。彼女子争睹围观者众，有甚者，窃羡之，低蛾眉，其状若狂。”

想来大宋的皇帝很乐于见此情景：毕竟满街都是“花美男”，繁花满街，不正寓意着繁华盛世吗？

宋 佚名《霜篠寒雏图》局部

辰

第四章

辰时：友朋设宴丰乐楼，美食十二配郎酒

辰时，七点整至九点整。此时为“食时”，是古人“朝食”，也就是用早餐的时间。

商品经济高度发达的宋代，餐饮业也开展得如火如荼，茶坊酒店，遍地开花。所以，有很多人早晨通常是不在自家生火做饭的，早餐的买卖自然就生意红火了。

《梦粱录》中描绘了当时临安城里售卖早餐时的热闹场景：所卖的早市点心，“有煎白肠、羊鹅事件（羊鹅内脏）、糕粥、血脏羹、羊血、粉羹之类。冬天卖五味肉粥、七宝素粥，夏月卖义粥、馓子、豆子粥”。

当时的普通市民洗漱之后，直接花十几、二十文钱，到卖早点的小摊上买点粥、灌肺、炒肺之类的吃食，就可以享用一顿美味的营养早餐。

从菜单中的记录来看，南宋的临安（今杭州）人不但喜爱常规的粥糕粉羹，对于动物内脏和血制品也颇为青睐。

在宋代之前，贵族之外的老百姓普遍都是一日两餐的，宋代时，一日三餐开始在宫廷之外的富庶人家悄然施行。比如，经济宽裕时期的苏轼、南宋诗人陆游，都是“三餐制”的民间先行者。

一、樊楼饮宴

对于追求生活情趣的宋人来说，美食自然也是这世间绝对不可辜负的美好事物。“凡饮食珍味，时新下饭，奇细蔬菜，品件不缺”，甚至“增价酬之，不较其值，惟得享时新耳”（宋·吴自牧《梦粱录》）。为了品尝时新菜肴，奇珍异味，宋人绝对是不吝金钱的，他们对于美食的钻研与热爱，就是和今人相比，定然也是不遑多让的。

当时在汴京的“超豪华饭店”就有七十二家之多，每家店门口都有彩帛装饰的楼门、大门口有红绿杈子（类似路障的木架，用来拒马），绯绿帘幕；每

宋 张择端《清明上河图》局部：正店

到夜间，贴金红纱的栀子形灯笼便会亮起，店内灯烛高举，把四下里照得明如白昼，极尽奢华！这种高级别的餐厅在当时被称作“正店”，其余的食店则被统称为“脚店”，多不胜数。

能在北宋挂出“正店”招牌的店，绝对不只是规模够大就行，还得有一定的上层关系。北宋实行“榷酤（沽）法”，也就是由政府把持、管控酒的售卖。在东京（今开封）城中，政府实行酒曲专卖制度：政府筛选出一些大饭店，然后每年按额定的标准数量，将酿酒原料“酒曲”售卖给他们，由他们来酿酒再批发给“脚店（正店以外的饭店）”，以及零售给来正店用餐的客人。

不难想象，最终能够争得酿酒权这种“香饽饽”的饭店，除了财力雄厚之外，背后多半都有权贵的支持。

《清明上河图》中“孙羊店”就挂出了“正店”的招牌，说明他们已经取得官府的酿酒、售酒的“特许经营权”，而店铺后院堆积如山的大酒缸，说明他们酿酒的数目不可小觑，也从侧面反映了宋人真是喜爱这“杯中之物”。

据史书记载，北宋东京汴梁七十二家正店里，规模最大、生意最兴隆的正店为“樊楼”，其位于东华门外的景明坊，由东、南、西、北、中五座楼宇共

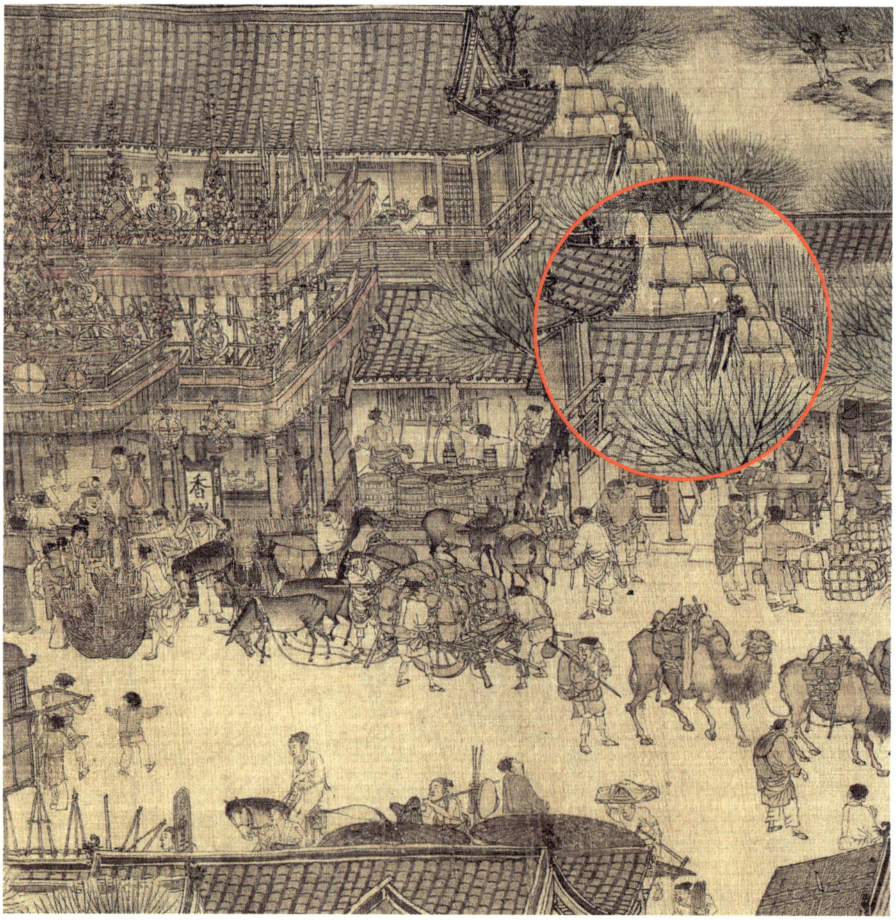

宋 张择端《清明上河图》局部：豪华的正店和其后堆积如山的大酒缸

同组成，楼宇之间有飞桥栏槛相连，可以供人往来。每座楼高三层，是当时汴京城内最高的酒楼，内里陈设富丽堂皇，极尽奢华之能事。

樊楼，又被称为矾楼、白矾楼、白樊楼和丰乐楼。据说这原是白矾商贾交易的场所，后来渐渐才成了酒楼，这大概就是樊楼最初名称的来历；至于“丰乐楼”，则是在宋徽宗时期，樊楼扩建之后所更之名。因为“樊楼”一名已经深入人心，所以即使招牌更换，人们仍习惯称其为“樊楼”或者“白樊楼”，“丰乐楼”这个名字，叫者寥寥无几。

对于扩建后的樊楼，《东京梦华录》中是这样描写的：“三层相高，五楼相向，各有飞桥栏槛，明暗相通，珠帘绣额，灯烛晃耀。”寥寥二十六个字，就将樊楼气势磅礴、富丽堂皇的样子描摹得淋漓尽致。

从《清明上河图》和现存的一些史料中，我们不难看出，当时宋代的民间建筑多为一层或者两层，这三层的樊楼，实实在在可以算是彼时汴梁的“地标性建筑”了。

登樊楼、品美食、饮佳酿、观帝都盛景，大抵是当时上流社会和中产阶级最热衷的交际活动之一了。不过，唯一需要注意的是，因为樊楼的西楼面对皇宫，为了防止有人窥探宫闱、心生不轨，所以北宋政府规定不许酒客登临西楼眺望。

樊楼的布局十分合理，一层是宽敞的大厅，客人各自围坐、推杯换盏，甚至猜拳行令，热闹非凡；至于二层和三层，则被隔成一个一个的小隔间，时人称为“酒阁子”，也就是我们今天所说的雅间、包间，客人在各自的隔间里互不打扰，十分逍遥惬意。这样的酒楼布局，在今人的饭店里也很常见。不过，令人意想不到的是，这样雅致的包间，樊楼竟有六十个之多！其规模可见一斑！

宋代的餐饮业大致分三类：一是小摊贩，只卖早餐；一为食店，只售晚餐；还有一种是酒楼，既售卖早膳，又经营晚饭，还批发黄酒。所以，如樊楼这般奢华的酒店，也提供早餐服务。这和今日广州一带人们在高档酒楼中吃“早茶”的习俗颇有几分相似之处。

我们不妨想象一下——宋人在樊楼三层的“酒阁子”里用完早膳，或推开临街的窗户，或直接立于飞桥之上，看东方朝阳初升，霞光万丈；俯瞰汴梁都城，参差百万人家，尽数落于眼底，何等心旷神怡！

如此出色的场所，难怪连北宋的几位皇帝都会于此留下佳话：

冯梦龙的《喻世明言》中有一篇故事《赵伯升茶肆遇仁宗》，宋仁宗与苗太监饮酒之处，正是大名鼎鼎、“好不高峻”的樊楼。

传说风流皇帝宋徽宗也曾在樊楼与名妓李师师相会宴饮、把酒言欢。

如果说上面两位皇帝与樊楼的渊源都是民间传说，做不得准，那么宋代官方修编档案《会要》中的记载，那便可算是历史的“铁证”：开宝七年（974年），宋太祖于正月十四日巡幸大相国寺时，曾在白樊楼观杂戏。

樊楼，作为当时汴梁首屈一指的“正店”，自然也要酿酒、售酒。樊楼自酿的酒中，最有名的是“眉寿”与“和旨”两款，被收录入宋人张能臣所编的《酒名记》中。这两款酒，单从名字来看，就颇有韵致——长寿、和美，寓意吉祥，想必美酒入喉，也是滋味甘醇，余香满口。

大抵是因为酒香醇美，销量也十分喜人。据宋代官方档案《会要》记载，宋真宗天禧年间（1017—1021年），樊楼每年要从官方购买五万余斤的酒曲！

五代 顾闳中《韩熙载夜宴图》局部

宋 佚名《十八学士图》局部

这么大的酒曲购买量，不难想到，其所酿的美酒数量也不容小觑，所以樊楼向政府缴纳的税款也十分惊人，每日都达两千钱！

由此看来，说当时的樊楼“日进斗金”，丝毫也不夸张。

二、考究的宋代食店服务

要说宋人风雅，雅到何种程度？连街头巷尾的餐饮服务中，也浸润着风花雪月。

北宋汴梁的熟食店里，为了延揽客人，在店中挂上名人画作。很多食客都是为了一睹名画风采、慕名而来的客人。

至于南宋时，临安（今杭州）城中的茶肆，也有样学样，在店内除了悬挂

宋 佚名《十八学士图》局部：古人一向热衷在品尝美食的同时聆赏音乐

名人画作，还会专门放置花架，从各处搜罗来一些奇松异石陈列其上；甚至请专人插花，装点店面。

令人津津乐道的是，一家卖雪泡梅花酒的店铺，为了应景，就专门请了乐手在店内演奏名曲《梅花引》（又名《梅花三弄》），以此来吸引客人。或者我们可以试着遥想当年：风雅的宋代文人，或者约上三两知己好友，或者一人独坐，于暑热天气中，一边饮着冰爽可口的雪泡梅花酒，一边聆听优美流畅的《梅花引》，一边闭目凝神、摇头晃脑地在脑海里勾勒旋律中梅花凌霜傲雪的高洁形象。这是何等曼妙的雅事！

如此讲究的宋人，在餐具器皿上也半点不马虎。

盛装食物的杯盘碗盏，干净整洁自不必说，还得“奇巧可爱”。看来为了令主顾满意，店家没少花心思。颇具规模的正店则更是豪爽大气：如果有某家“脚店”的人员到店里买过两三次酒，不过略略有点“脸熟”，正店的人就敢把三五百两的银器借给对方！

大抵因为北宋经济发达，汴梁城中一度崇尚奢侈之风。酒店里，不管什么人，只要两人对坐饮酒，就需要用“注碗一副，盘盏两副，果菜碟各五片，水菜碗三五只”（宋·孟元老《东京梦华录》），这些都是银器，粗略一算，大概就有将近百两之数！就算一人独饮，也会用银碗、银盂之类的器皿，真是十分奢华。甚至有两家生意红火的冷饮店，竟然也全部用银器来售卖“冰雪”（冷饮）！豪奢之况，可见一斑。

南宋临安（今杭州）城中，彼时非常有名的丰禾坊王家酒店、郑厨分茶酒肆，都是用整桌的银餐具来招待客人，如此豪阔，一些北宋的遗老食客还经常感叹这不如汴梁城里的杨楼、白矾楼和八仙楼的排场。

宋代的餐饮店通常还挺仗义，不太会用“看人下菜碟儿”这一套，有一些穿着普通、甚至贫寒的人家，到店里买酒，店家也一视同仁，用银器盛装。如果有酒客想要秉烛夜饮、对月举杯的话，好说、好说，这些银酒具，客人次日归还即可。大抵是因为宋代的经济发展程度和民风都颇佳，所以店家才能如此慷慨大方。用孟元老的话来说，就是“其阔略大量，天下无之也”。

宋 佚名《夜宴图》局部（取十八学士）

当时京城最著名的丰乐楼（樊楼）旁边有间茶肆，专门设了一个棚楼，和今天的失物招领处功能相同：把客人丢失在茶肆的物品分门别类地收纳、保管起来，有专门的记录注明“何年何月何日，在何处拾到此物”，甚至有些客人多年前遗失的金银也能寻回。在财物一事上，宋代民风如此淳良，虽不至“路不拾遗，夜不闭户”，但也相差无几了。

南宋的酒肆，除了政府经营的官库、子库，“加盟经营”的脚店之外，还有从政府酒厂处批发酒水，转而零售的小酒馆，谓之“拍户”。

这些“拍户”除了售卖酒水，还会卖一些下酒菜和点心之类的餐食。酒家这时已经有菜谱的雏形，叫做“食牌”，可以方便客人看牌点菜。

宋 张择端《清明上河图》中的脚店，也是宋代经营餐饮的场所

明 仇英《十八学士登瀛图》局部：
古人的筵席上，看菜是一道亮丽的风景线

不过看食牌，可不能断章取义。南宋文人耐得翁在《都城纪胜·酒肆》中曾写道："酒阁名为厅院，若楼上则又或名为山，一山、二山、三山之类。牌额写过山，非特有山，谓酒力高远也。"所以，宋人把酒香醇厚、酒劲儿十足的佳酿称为"过山"。一般食客去酒店，通常不轻易登楼，一旦登楼就说明你要畅饮美酒，一醉方休。所以一般食客，如果打算只是浅酌两杯，就只坐于楼下散座，这叫做"门床马道"。当然，若是达官贵人、豪富之家，或者女眷，那么不管是否打算酩酊大醉，都可以登楼坐到雅间"酒阁子"里。

都城的酒家总是格外讲究，比如，客人坐下后，店家立马会端上几样精美诱人的菜肴摆到桌上，通常都是这家店里的招牌菜，然后才会慢慢询问客人："请问您要多少酒？何种菜？"这些先上桌的菜可不是用来吃的，叫做"看菜"。顾名思义，看看即可，千万不要动箸。如果有一些外地来到都城的食客，不知道这种规矩，见到菜肴端上桌，提起筷子就吃，就会被旁人偷偷笑话。等到客人点的菜做好出锅之后，店家才会把"看菜"换下。

"看菜"又叫做"看盘""看食"，这一习俗，不独民间有，宋朝外交宴请之时，也有此环节。

据《宋史》记载，北宋仁宗天圣（1023—1031年）之后，最高等级的一级

題文會圖
儒林華國古今同
吟詠飛毫醒醉中
多士作新知入彀
畫圖猶喜見文雄
臣京謹依
韻和進
明時不與有唐同
八表人歸大道中
可笑當年十八士
經綸誰是出群雄

宋 赵佶等《文会图》

大宴在集英殿举行，这个级别大概相当于国宴级别了，二级宴会和三级小宴则依次在紫宸殿和垂拱殿举行。

北宋皇帝办寿宴，文武百官和各国使臣都前来贺寿，这种宴席自然是属于国家一级大宴，没有开席之时，餐桌上都会陈列“看盘”，有环饼、油饼、枣塔。辽国使节的餐桌前，还会特别增加用煮熟的连骨猪肉、羊肉、鸡肉、鹅肉、兔肉摆成的五道看盘。这些熟肉还用小绳子束扎捆好，一束一束地在盘中摆出好看的样子。偶尔有个别不知习俗的异国使节，夹了“看盘”中的菜，就会被自诩衣冠上国、礼仪之邦的宋朝大臣偷偷嘲笑不识礼数。

至于“看菜”和“看盘”的作用，众说纷纭，莫衷一是，想来大抵是为了等待正菜上桌之时，桌面不至于光秃秃、冷冷清清的吧。

为了正菜上桌前不“冷场”，崇尚气味文明的宋代，还催生了一个特殊的职业——“香婆”。南宋文学家周密在《武林旧事》“酒楼”一条中是这样解释这个职业的：“及有老妪，以小炉炷香为供者，谓之香婆。”

宋代的酒楼十分大气，只要不是去给酒楼添乱，那就门槛很低，并不会驱逐非食客的外来人员。所以一些没有固定职业、也不用餐的老百姓会进到酒店，如见有富家子弟饮酒用膳，就会在旁边小心伺候，帮忙跑腿儿，或是代买东西、或是传话，挣点儿赏钱，这些人便是“闲汉”。而有一些老妇人，在客人等候上菜的时候，可以前去为他们提供收费的行香服务，也就是在客人面前打一个小小的香篆，这些妇人便是“香婆”。

铜香篆

香篆为木制或金属制的镂空模具，镂空的图形通常为寓意吉祥的连笔文字（如：

福、禄、寿）或者图案（如：莲花或者如意等）。打香篆又叫印香法，其过程非常精细，带有几分表演性质，颇具观赏性：香婆左手扶香炉，右手执香箸。先用香箸慢慢理灰（搅匀香灰）、再用香匙细细压平炉中香灰，取香篆轻轻置于压平的香灰之上，在香篆镂空处填充香粉，稳稳提起香篆，然后点燃香粉形成的文字或者图案。如此，一炉篆香便做好了。此时所燃的香料多有开胃健脾之功效。

有时酒楼客人较多，后厨出菜速度稍慢，难免有急性子的客人要生气发怒。这时如果有香婆优雅舒缓地在一旁行香，客人的注意力就会被吸引，等待的时光也变得不那么漫长了。要不然，食客只能对着几盘“看菜”垂涎三尺，如何能不心焦？所以，酒楼对此也是喜闻乐见的。

宋代盛行的篆香法，炉中香篆图案为连笔的“福”字（图：张旭明，玉炉：伍辉作品）

一整套行香动作做完，客人点的菜也差不多上来了。于是，食客便可以体会在袅袅香雾中用餐的美妙意境。

也有香婆在客人酒足饭饱之后才前去行香，这时所燃香料的功效，便多是醒酒、助消化一类的了。

三、能力超强的宋代餐饮服务员

在服务意识和服务技能上，宋代的餐饮从业人员绝对是数一数二的。

南宋朝廷，虽然偏安一隅，但当时临安城中，奢侈之风仍是极为盛行，食客也格外骄矜、讲究。就算是同一道菜品，也会有人喜欢滚烫的温度，有人喜欢温热，还有人喜欢凉一点儿；有人要口味重一点儿，有人则要清淡一些，总之要求很多。这一点和北宋汴梁城中的食客一般无二。

客人在食店中坐下，就会有招呼食客的“过卖”（店小二）上前接待，询问客人的需求，一一记下。然后过卖会走到后厨跟前，把菜名和客人的需求用抑扬顿挫的声音大声唱出来。所以过卖不但要有好记性，还得有一副好嗓子，最好再有点即兴编曲的能力，那就更完美了。

后厨按客人的要求做好菜品之后，负责端菜上桌的“行菜”，会依次将菜品送到客人桌前。就算有很多客人同时到店，过卖或行菜，与后厨都能互相配合，有条不紊、一丝不乱地做好服务。

宋代对餐饮服务人员的要求很高，一是因为客人很挑剔，二是因为食店众多，竞争异常激烈。那时没有餐车，很多行菜者上菜时如同耍杂技：左手端三碗，右臂从手到肩最多能叠二十来碗！每桌挨个儿上菜，哪道菜是哪个客人的，有什么特殊需求，行菜者都能一一记得清楚，不差分毫。如果偶尔有上错菜或者忘记客人“不食葱蒜”之类的备注，只要食客告知店主，店员就会被老板严厉斥责，轻者扣减工钱，重者甚至会直接丢掉工作。看来要是没点厉害功夫，还真没法在宋代食店当好服务员。

宋 张择端《清明上河图》局部：
送餐小哥

宋 张择端《清明上河图》局部：
提着明炉的送酒小哥

现代酒楼里，经常会有“不得自带酒水、食物”的提示。可是在宋代，食店绝对不会对客人提这样的要求。客人不但可以光明正大地自带饮食，而且如果想吃别家的某道菜品、果子、零食等，也大可以让店内的伙计或者一些在近前的“闲汉”帮忙跑腿去买。

而大气的宋代食店，甚至允许外面的熟食小贩进入酒店延揽生意。小贩把炙鸡（烧鸡、烤鸡）、八焙鸡、炙鹅（烧鹅）、八糙鹅鸭等美味或用托盘或挑担子盛装，到酒肆中叫卖。

《清明上河图》中就有一个小哥一手端着两份外卖食物，正要前去送餐；更精致的外卖，还有专门的“外卖装备”：温盘与食盒。温盘是上薄下厚、中间空心的瓷盘，送餐时，在夹层中注入热水，盘子便可以起到保温的作用。这些装着菜肴的温盘，还要放到一层一层的木制食盒中，除了起保温作用外，还可以避免串味。《清明上河图》卷尾，一个送酒的外卖小哥，提着一个明炉，为酒保温，实在讲究。

更有甚者，连皇帝也叫外卖。南宋隆兴年间（1163—1164年）的一次观灯节，宋孝宗赵昚就曾在入夜之后叫了夜市上的“南瓦张家圆子”和“李婆婆鱼羹”等宵夜外卖送入宫中，并且给了双倍的价格：“直一贯者，犒之二贯”。大约外卖服务很令宋孝宗满意，淳熙五年（1178年）二月初一，宋孝宗到德寿宫给太上皇请安时，还专门派人到街市上点了李婆婆杂菜羹、贺四酪面、臧三猪胰胡饼、戈家甜食等外卖，带去给太上皇赵构品尝。

看来早在千年前的宋代，“外卖”服务就已经十分盛行。

五代 周文矩《文苑图》局部：图片左边石板上所放为食盒

四、此“炊饼”非彼“烧饼”

宋人爱食饼，他们的日常食单上，少不了各种“饼”，猪胰胡饼、油饼、烧饼、汤饼、乳饼、蒸饼……有记载的“饼”，粗略一数，不下数十种。不过他们说的饼，和我们今天说的“饼”，可不尽相同。

比如，《水浒传》中，武大郎卖的是“炊饼”，经常被误传为“烧饼”，诸多的旅游景点里，也经常有挂着“武大郎炊饼”招牌的商家在卖烧饼（有的店家更是直接挂出“武大郎烧饼”的幌子）。可实际上，宋代的“炊饼”，做法更接近于咱们今天说的“馒头”，不过形状没有那么高圆，略薄一些罢了。据《青箱杂记》记载，这“炊饼”在北宋初期之前，原本是叫做“蒸饼”，就是在笼屉上蒸熟的面食。后来宋仁宗赵祯即位后，为了避他的名讳“祯”，把发音近似的“蒸”也改为“炊”，“蒸饼”就变为“炊饼”了。

宋代的炊饼更接近今天的馒头

宋人还有一种有趣的饼，叫做“环饼”，中间有孔，类似面包圈的模样。这种饼形的设计非常方便：游学的读书人会把环饼挂在书箱外面的挂钩上，饿时伸手可取，甚是便利；出门在外的商旅行人为了防身，会随身携带一根木棍，行路时把“环饼”一个一个地套在上面，饿了取“一环”下来充饥，等到“六环”变成“一环”时，大约也就能从京郊走到宫墙下了。

而宋人所说的“索饼”就是面条；“汤饼”更接近今天的面片汤或者刀削面；“糖饼”是指方糕，“乳饼”则是奶豆腐。除了类似“面包圈”的面食，也有人把麻花和馓子称为“环饼”，而“胡饼”是芝麻烧饼……看来一切用面粉或者类似面粉所制的食物，都可以被宋人称为“饼”。

至于宋代的“馒头”，和咱们今天所说的白面无馅的大馒头也并非一回事，宋代的馒头都有馅儿，而且花样格外多。仅《梦粱录》中有记载的就有：灌浆馒头（就是灌汤包子）、笋肉馒头、羊肉馒头、糖肉馒头、太学馒头、蟹肉馒头、鱼肉馒头等。

宋代也有包子，名字还有点“萌”——叫“包儿”。和“大宋馒头”相比，两者最大的不同是馅料的多寡——“大宋包子”馅料充足，面皮较薄，和现在的包子非常像；而“大宋馒头”则馅料较少，面皮较厚。如今天津滨海一带，仍然有这样带少量馅料的面点，也被称为“馒头”。

爱吃、会吃的大宋子民，对于美味可口的包子也十分青睐。为了招徕食客，竞争激烈的“从食店”（小吃店），包子馅料不断推陈出新，其品类之多，令人咂舌。薄皮春茧包子、虾肉包子、七宝包儿、江鱼包儿、笋肉包儿、水晶包儿、鹅鸭包儿等，不一而足。真是只有你想不到，没有宋人包不了的“包儿”。

五、没有辣椒的宋代如何“无辣不欢”？

北宋时期，坊间市集，“北食”“南食”和“川饭”三足鼎立，俨然形成当时的“三大菜系”了。

真没想到，如今火遍大江南北的“川菜”，竟然早在千年之前的宋朝，就已经独树一帜，自成一派。不过今日川菜红火，靠的是红艳艳的辣椒带来的热辣口感，可是大宋朝时，我国还没有引进辣椒（辣椒大约是在16世纪末，也就

在古代十分“金贵”的调味品：胡椒

是明代才传入中国的），但这并不妨碍宋人对辛辣口感的追求。

没有辣椒，具备辛辣口感的调料还有芥辣、葱、姜、大蒜、茱萸、蒟等。

当然，彼时呈现辣味口感最妙的是胡椒。而“蒟”（扶留藤），尽管也是胡椒科的植物，其味也很辛辣，但仍不如胡椒的辣味那么香醇浓厚。

胡椒原产自印度古国摩伽陀国，虽然也是舶来品，不过进入中国很早，大约在汉唐时期就已经来到中原地区了。因为当时交通不够便利，能够运到中原的胡椒量非常稀少，所以价格不菲，算是奢侈品，甚至是可以比肩黄金的“硬通货”。唐朝巨贪元载被抄家时，搜出了八百石胡椒，这个数目相当于今天的数十吨。要知道，在唐代，纵使官员或富户之间往来送礼，一两斤胡椒就可以算是十分阔气的厚礼，可想而知，这八百石胡椒的价值简直可以说是一个天文数字！也正因为胡椒昂贵，元载贪污了这么一笔惊天的巨大财富，才让唐代宗觉得杀了元载全家都不解气，还命人挖开他的祖坟，劈棺弃尸！

而到了宋朝，由于胡椒除了烹饪做菜之外，还用于医疗、炼丹，需求量十分庞大，胡椒的珍贵程度不减反增，做调味品的话，多半只能在宫廷饮食中出现了。北宋皇帝的御膳菜单中，常有一道叫做“胡椒醋羊头”的菜肴（宋•胡铨《澹庵文集》），光听名字，便知道其味酸辣，想必十分开胃可口，难怪能得皇帝青睐了。

胡椒如此昂贵，普通老百姓自然不能畅快享用。所以聪明的民间宋人想到用芥菜种子研磨后制成的调味品来体现辣味，这和我们今日所用的黄芥末差不多。《浦江吴氏中馈录》中有一道“芥辣瓜儿”，就是把磨碎的芥子用温水调匀，然后用细纱过滤掉杂质，加醋调味，做成芥末酱，用来盐渍黄瓜。

芥菜的根茎也带辣味，将其洗净后去皮、切条，封入缸中腌制半个月即可，是为“辣脚子”，若是只腌制一夜，浇上醋和小磨香油，是为“辣菜”。今天川滇一带的人们，还有这样的吃法，称为“冲菜”。

用芥菜制作的辣味食品很受宋人欢迎，毕竟此物在宋代到处都是，非常易得。酒肆食店里，也会有少年郎穿着白布衫，系着青花手巾，胳膊底下夹着一个白瓷缸子，专门卖用芥辣腌好的“辣菜”。这副行头倒是和今天卖咸菜的商户如出一辙。

除了“芥辣”之外，还有一种我们今天不太常用的食材：茱萸。今人听说过“茱萸”，大概都得益于诗人王维的那句“遥知兄弟登高处，遍插茱萸少一人”。

不过，茱萸除了在重阳节插戴可以辟邪之外，在宋代也是红遍大江南北的辣味调理品，被誉为“三香”之一，和花椒、姜并称调味界的“三大天王”。

茱萸，别名“越椒”“艾子”，味辛而苦，是川菜辣味的主要来源之一。川鄂一带的人民采取茱萸后，入臼捣烂取汁，把汁水过滤后，加入少许石灰搅拌，做成“艾油”，也叫“辣米油”。做菜的时候放入艾油，取其辛辣之味。

如此看来，即使没有辣椒，也完全不会影响宋代那些“无辣不欢”的食客。

六、那些令人眼花缭乱的美味

据史书记载，两宋时期，政府通过引进良种水稻、广泛开垦农田、推广新型农耕工具、改善灌溉条件、增施肥料等举措，粮食亩产有了较大幅度的提高，让宋人的仓廪充实起来。老百姓的日常饮食习惯也渐渐从“两餐制”开始向“三餐制”过渡。

从现今留存的史料来看，宋人无疑是将中国古代的美食文化发展到了一个登峰造极的境界。许多我们今日十分喜爱的美食都是宋人“研发”或推广的，如：火锅、油条、汤圆、豆芽、火腿、爆米花、红烧肉……光《东京梦华录》和《梦粱录》两本书中所记载的美食名称，就不胜枚举。甚至有人玩笑说，这两本书完全可以更名为《东京美食录》和《临安美食录》。而两书的作者孟元

宋 杨威《耕获图》局部

老和吴自牧也用自己对美食的热爱和认知，完美地展现了宋代高度发达的餐饮水准，实力诠释了“民以食为天”。所以，大约对于十分会享受生活的宋人而言，没有什么问题是一顿美味解决不了的；如果有，那就来两顿。

“鲊”和“脍”

据《说文解字》所载，“鲊，藏鱼也。”“脍，细切肉也。”

两宋时期，“鲊”被极具想象力和创造力的宋代美食家演绎出了繁复多样的风情，和大道至简的“脍”一起成为当时极为盛行的美味。

《梦粱录》中提到鲜鹅鲊、大鱼鲊与寸金鲊等，而黄庭坚的《黄雀鲊》中也将雀鸟所制的鲊称作美味，连皇家也会视之为珍品。宋代的“鲊”，是一种将米饭作为调料、风味特别的肉制品。将食材鸡、鸭、鹅、鱼、虾、蟹、雀鸟等洗净后拭干水分，用盐腌渍后，用重石压或者放于布内绞拧，脱干水分；再在米饭中加入盐、酒、酱油、糖、姜、葱、茱萸等调料，抹匀于食材上，然后将其装入坛瓮之内，在最上面覆上箬叶，密封好，便可静待时间作用下，微生物与食材之间产生美妙的化学反应，从而激荡出完全不同的味道。今天云南大理一带仍然盛行食“鲊”，不过比起宋代的“肉鲊”，他们更爱“素鲊”。而且把蒸熟的米饭调整为炒香的大米粉，用宋代没有的辣椒替换掉茱萸，制出美味可口、十分下饭的“茄子鲊”“萝卜鲊”等。

与工序繁杂、耗时良久的“鲊”截然相反，制作工艺极简又立等可食的“脍”也深得宋人青睐。脍，又写作“鲙”，即生鱼片、鱼生。脍在宋代非常流行，苏轼、欧阳修、范仲淹、黄庭坚、陆游、梅尧臣等一众文豪都是鱼脍的铁杆拥趸。和今天日本料理店中也并非人人都能切出刺身一样，宋代的文人士大夫虽然也很爱食“脍”，时人皆赞“鲈鱼堪脍”，但也不是轻易就能吃上。据诗人叶梦得《避暑录话》记载：南馔未通行汴梁时，京城里竟没有能够“斫鲙者”，唯有诗人梅尧臣家中的一位厨娘精于此道，所以欧阳修等人想念“脍”之美味时，便只好自己带着鲜鱼前往梅家。当然切好鱼生之后，客人也不好吃独食，梅公因有此厨娘，白得了许多“脍”吃。

据《东京梦华录》卷七《三月一日开金明池琼林苑》记载："其池之西岸，亦无屋宇，但垂杨蘸水，烟草铺堤，游人稀少，多垂钓之士，必于池苑所买牌子，方许捕鱼，游人得鱼，倍其价买之，临水斫脍，以荐芳樽。"可见当时汴梁都城的百姓也很爱食脍，不惜花高价买鱼，临水而斫，现钓、现切、现食，堪称"一时佳味也"。

宋人爱食蟹

除了鱼，螃蟹也是宋人大爱的美味，不少文人甚至数次以"蟹"为题吟诗填词。茶山居士曾几说"开奁破壳喜新黄，此物移来所未尝。一手正宜深把酒，二螯已是饱经霜。"（《钱仲修饷新蟹》）"苏门四学士"之一的张耒则写文求蟹："遥知涟水蟹，九月已经霜。筐实黄金重，螯肥白玉香。"（《寄文刚求蟹》）深谙美食之道的方岳为了人间至味，不惜重金"江鲈淮蟹不论钱，肯到湖边明月船。玉脍雪螯新煮酒，桂花香后菊花前。"（《次韵客饷鲈蟹》）

当时有一种"洗手蟹"又被称为"蟹生"，据宋人高似孙《蟹略》中所述，其做法是将新鲜螃蟹剁碎后，加入盐、酒腌制后，调入姜末和橙肉泥即可，也是当时的人们颇为热衷的吃法。

《东京梦华录》中也数次提到"洗手蟹"，作为风靡两宋的蟹生食法，大小饭馆内都常备着，"逐时旋行索唤，不许一味有阙"。其之所以得名，大概就是因为制作方法简单快捷，"盥手毕，即可食"。

据周密《武林旧事·卷九》记载，绍兴二十一年（1151年），宋高宗驾幸清河郡王张俊的府中，洗手蟹作为佐酒正菜俨然出现在皇帝面前的餐桌上。给皇帝享用的菜品估计就没有那么草率简单了吧。估计张俊家的厨师应该是用了《浦江吴氏中馈录》中的做法："用生蟹剁碎，以麻油先熬熟，冷，并草果、茴香、砂仁、花椒末、水姜、胡椒俱为末，再加葱、盐、醋共十味，入蟹内拌匀，即时可食。"给皇帝享用熬熟的螃蟹，应该比生蟹更安全稳妥。

想来宋高宗也是个爱吃螃蟹的，所以当时的餐桌上，除了"洗手蟹"，还有一道"螃蟹酿枨"也是佐酒正菜。这道菜又叫"蟹酿橙"，也是宋人十分喜

宋 佚名 《荷蟹图》

欢的螃蟹做法。据《山家清供》所述制法："橙用黄熟大者，截顶，剜去穰，留少液，以蟹膏肉实其内，仍以带枝顶覆之。入小甑，用酒、醋、水蒸熟。用醋、盐供食（调味），香而鲜，使人有新酒菊花、香橙螃蟹之兴。"

苏东坡

宋代的“吃货榜单”中，苏轼肯定得有一席之地。他曾被贬到湖北黄州当团练副使，从春风得意的青年才俊，到低微无实权的“官场边缘人”，这位才高八斗的大文豪不但没有自暴自弃，反而欣然在黄州的东坡开荒耕种，怡然自得，“东坡居士”的名号也自此叫响。作为一名殿堂级别的美食家，苏东坡不仅善于品鉴美食，而且研发了一系列流传民间的美味佳肴，东坡肉、东坡羹、东坡肘子、东坡饼……，这些冠以“东坡”字号的菜品，至今仍在人们的餐桌上绽放光彩。

在他精妙的烹调手法之下，一块平凡肥腻的五花猪肉，能够转化为人间美味。“净洗铛，少著水，柴头罨烟焰不起。待他自熟莫催他，火候足时他自美。黄州好猪肉，价贱如泥土。贵者不肯吃，贫者不解煮，早晨起来打两碗，饱得自家君莫管。”这首打油诗般的《猪肉颂》，不但点明了“东坡肉”烹制的技术要点，也展现了苏东坡豁达洒脱的性情。

宋代朱弁撰写的文言小说集《曲洧旧闻》中，记载了一则苏东坡的轶事。某次苏轼与友人刘贡父闲谈时说起自己与弟弟苏辙当年时，每日都吃“三白饭”，其味道十分鲜美，不相信世间还有比这更美味的食物。刘贡父十分好奇，问“何谓三白饭”？苏轼慢悠悠地答道：“一撮盐、一碟生萝卜、一碗饭，乃三白也。”

不久后，苏轼收到刘贡父的请柬，邀他吃“皛饭”。苏轼从未听过“皛饭”，十分期待，欣然赴约。到了刘家一看，发现桌上只有一碟盐、一碟白萝卜、一碗白米饭，这才恍然大悟“皛饭”就是自己大肆夸赞过的“三白饭”。

饭后，苏轼对刘贡父说：“明日请上我家相聚，我会准备‘毳饭’招待你。”刘贡父虽然担心苏轼戏耍自己，但为了弄清楚何谓“毳饭”，仍然如期而至。两人相谈良久，已过吃饭时间。刘贡父饥肠辘辘，要求上“毳饭”。苏轼只推说“再等等”。如此反复数次，苏轼才终于在刘贡父的强烈要求下，将他带至饭厅。可餐桌上空空如也，连一碗白饭都没有。苏轼笑着对刘贡父摊开双手说：“盐也毛（谐音冇，意为“没有”），萝卜也毛，饭也毛，不是毳饭是什么？”刘贡父一听，哈哈大笑，早知道苏轼要报“皛饭”之仇，没想到竟然是什么也没有的“毳饭”。这时，苏轼才让仆从送上丰盛的美酒佳肴，两人痛快地大吃一顿。

“三白饭”虽然带有几分戏谑的意味，可是从中也可看出宋代文人追求清白的风骨。最简约的食材，激励了少年苏轼和苏辙奋发向上，成就他们记忆中最美味的回忆。

林洪与《山家清供》

南宋林洪是另一位宋代“雅士吃货榜单”的上榜人物。

为了寻访隐匿于市井、山林中的世间真味，林洪游历各处，甚至不顾“君子远庖厨”的古训，亲自下厨，把自己与山珍野味、鲜花菜蔬在杯盘碗盏上邂逅的经历逐一记下，编撰成了《山家清供》一书。

拨霞供。林洪曾在大雪纷飞的武夷山得到一只野兔，但在山林中没有厨师，于是林洪在一位“老师”的指导下，用一种新颖的方式来品尝了丰美的兔肉：将兔肉切成薄片备用，再找一个小风炉放到桌上，上面烧上小半锅水。水开之后，用餐的人各自拿一双筷子，把兔肉夹到热气蒸腾的滚汤中左右摆荡，烫到肉片变成粉嫩颜色即可食用。当然，也可以配上“酒酱椒料”，蘸料浓淡随各人口味。

林洪给这种烹饪方式取了个十分

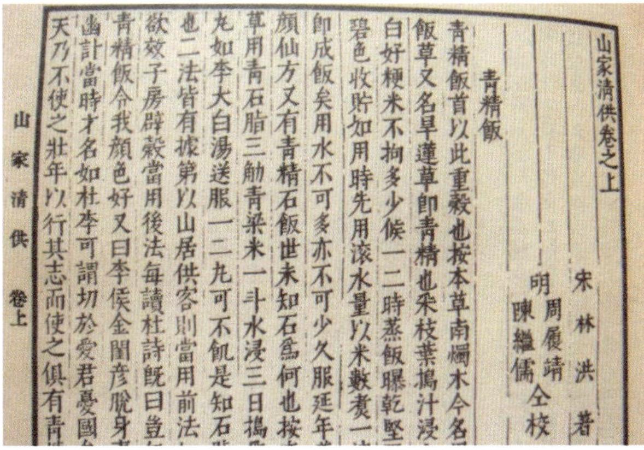
山家清供卷之上
宋 林洪 著
明 周履靖 陳繼儒 仝校
青精飯
青精飯首以此重穀也按本草南燭木今名
飯草又名旱蓮草即青精也采枝葉搗汁浸
白好粳米不拘多少候一二時蒸飯曝乾堅
碧色收貯如用時先用滾水量以米數煑一
即成飯矣用水不可多亦不可少久服延年
顏仙方又有青精石飯世未知石爲何也按
草用青石脂三觔青粱米一斗水浸三日搗
丸如李大白湯送服一二丸可不飢是知石
也二法皆有據第以山居供客則當用前法
欲效子房辟穀當用後法每讀杜詩既曰豈
青精飯令我顏色好又曰李侯金閨彥脫身
幽討當時才名如杜李可謂切於愛君憂國
天乃不使之壯年以行其志而使之俱有青
山家清供 卷上

宋 林洪《山家清供》

以花入馔，是文人喜爱的风雅之事（图：刘诺一）

有诗意的名字“拨霞供”——沸汤氤氲，犹如山中云蒸霞蔚，拨开“云霞”，于滚汤中取食，实在是颇有“浪涌晴翻雪，风翻晚照霞”的意境。

随后，这种方便易得、能够保留食物本真味道，对厨艺没有太高要求的烹饪方式从山林之中传入市井，和后世大受欢迎的“火锅”十分相似，涮的菜品也从兔肉拓展到各种食材，并在随后的中华食界大放异彩。

鹅黄豆生。“豆芽”，作为今天十分常见的一种菜品，最早的记录也是在林洪的《山家清供》中：“以水浸黑豆，曝之。及芽，以糠秕置盆内，铺沙植豆，用板压；及长，则覆以桶，晓则晒之。”细致的林洪还不忘附上“推荐食谱”：豆芽洗净焯过之后，加上油、盐、苦酒和香料，用麻饼卷着吃最妙。自然，这豆芽也被林洪起了个曼妙雅致的名字“鹅黄豆生”。

花馔。《山家清供》中有一道“雪霞羹”，是以鲜花入馔。“采芙蓉花，去心、蒂，汤焯之，同豆腐煮。红白交错，恍如雪霁之霞，名‘雪霞羹’，加胡椒、姜，亦可也。”芙蓉花红艳明丽，豆腐雪白柔嫩，红白交相辉映，正如丽人红妆，更似雪霁之后的天边彩霞。这道菜先不论滋味，单就卖相已十足美貌，再加上“雪霞”这么诗情画意的名字，林洪实在是一个极风雅的食客。

至于文人雅士最爱的梅花，自然也可入馔。最简单的做法就是“梅粥”：用干净的雪水和上等的白米煮粥，粥快熟的时候，把洗净的梅花放入同煮，十分清雅。

点心：玉灌肺。《山家清供》中，还详细地记录了不少当时风行点心的制作方法，其中有一道素点心“玉灌肺”出自宫廷，深受皇帝喜爱：将真粉、油饼、芝麻、松子、核桃去皮，加少量的莳萝（土茴香）、白糖和红曲，研成末，拌匀后放入甑中蒸熟。切成小块，蘸上辣汁食用。因为模样类似“肺”，加上皇帝爱用，所以叫做“御爱玉灌肺”。

醒酒汤：沆瀣浆。皇宫内苑，确实好物良多。其《沆瀣浆》一节所载：众人在雪夜中饮酒，酒酣耳热之际，簿书何时峰取出一瓢沆瀣浆与众人分饮。不过片刻，客人都已酒醒。询问之下，才知道这方子也是从禁苑中传出，“止（只）用甘蔗、白萝菔，各切作方块，以水煮烂而已。”中医界有一道流传甚广的解酒汤——“甘蔗莱菔汤”，正是来源于此：甘蔗200克，新鲜白萝卜150克，加水煮至萝卜烂熟，去渣取汁，随量服用。做法虽然很简单，可是因为甘蔗能解酒，白萝卜能消食，所以在酒后喝上这么一盏“沆瀣浆”，其益处可想而知。

元宵汤圆

美味的汤圆寓意甜蜜、团圆

如今每到农历的正月十五元宵节，人们便爱煮上一锅汤圆或元宵，阖家分食，取其团圆甜蜜之意。宋人姜夔就曾在《诗曰》中提到“汤元（圆）”：“元宵争看采莲船，宝马香车拾坠钿。风雨夜深人散尽，孤灯犹唤卖汤元。”据北宋《岁时杂记》记载：“京人以绿豆粉为科斗羹，煮糯为丸，糖为臛（huò），谓之圆子。盐豉捻头杂肉煮汤，谓之盐豉汤，又如人日造蚕，皆上元节食也。”《浦江吴氏中馈录》中有烹制“圆子”的记录：“砂糖入赤豆或绿豆煮成沙团，外以生糯米粉裹作大团、蒸或滚汤内煮亦可。”从这个制法来看，更接近今天北方“元宵”的摇制法。

爆米花

南宋诗人范成大的笔下，记录了宋人与爆米花的故事：每年的正月十五，吴中之人在锅中炒糯米，一直炒到糯米开花，这道美食就叫做“孛娄”，也叫“米花”或者“糯米花”。这道美食不光好吃，还有个“特殊使命”，需要每个人自己炒，以此来占卜新一年的吉凶。至于为什么叫“孛娄”，大概是模拟爆米花时的声音吧。

雕花蜜煎

蜜煎，即今人所谓“蜜饯”。宋代有专门的“蜜煎局”，“专掌糖蜜花

最初的爆米花是用糯米为原料，与现在的大米花极为接近

雕梅 （图：刘诺一）

果，咸酸劝酒之属”（宋·耐得翁《都城纪胜》）。蜜煎局最擅长制作雕花蜜饯，把青梅、冬瓜、木瓜等果品在腌渍之前，先行雕刻，令其不但好看还十分美味。《武林旧事》中，宋高宗驾幸清河郡王张俊府邸，其所进御宴的菜品清单上，就有“雕花蜜煎一行：雕花梅球儿、红消花、雕花笋、蜜冬瓜鱼儿、雕花红团花、木瓜大段儿、雕花金橘、青梅荷叶儿、雕花姜、蜜笋花儿、雕花枨子、木瓜方花儿。”今天云南大理白族人民中仍然流行一种“雕梅”的吃食，巧手妇人以小刀在青梅上最宽处刻出一圈花纹，不用完全剖开梅子，便能从刀口处将核剔除。雕过的梅肉轻轻压扁后一层一层放入瓶中，倒入蜂蜜，取出食用时，一枚枚“雕梅”便如同糖蜜花朵一般，好看又好吃。

宋人还喜欢把香药加入到腌渍的果子中，增添风味，同时还会具有一定的养生、药用功效。有一种颜值与口感俱佳的“衣梅”，是在蜜中加入各种香药后炼制，滚在杨梅上，外面用薄荷、橘叶包裹，吃起来酸甜清爽，很是可口。香药木瓜、椒梅、姜丝梅都是当时十分流行的香药果子；至于甘草杏，如今仍然流传甚广。

宋 佚名《竹雀图》局部

巳

第五章

巳时：十指春风，神乎其技

巳时，九点整至十一点整。此时为“隅中”，取日至衡阳之意。此时艳阳当空，风清气朗，正是一天中的好时光。

如果没有特殊情况，朝会通常会在巳时结束。退朝后，官员纷纷走出大殿，可并非回家，还得去往自己的官署继续办公，并将今日皇帝在朝堂上所议之事传达给下属。

在家中的妇人，这时通常都会拿出针黹，或者刺绣、或者裁缝，这便是“女红”。虽然在宋朝，商品经济高度发达，做衣有专门的裁缝，还可以提供上门服务，富裕之家甚至专门养着针线活儿出色的绣娘，为家中主人缝制衣裳。可封建传统礼教中，要求女子嫁作他人妇时，需要具备“德言容功”四种品德，其中，“妇功”便指的是针线活儿。所以，即使家中有绣娘，宋代的大户人家仍然会请专人教导女儿习学女红。如此，女子在出嫁后，无论是为夫君、子女或是为自己缝制贴身衣物，还是用来打发时光，针线功夫都是必不可少的。

要上学的孩子，这时正在学馆中埋头苦读；不用去学馆的孩子，便在阳光下幸福快乐地玩耍、恣意生长。

一、宋代织绣，巧丝如画

宋代的纺织工艺，在唐代的基础上更上一层楼，当时主要的丝织品种有锦、绫、纱、罗、绮、绢、绵、绸、绰丝、纻丝等。

苏州的织锦工艺在宋代已发展得极为兴盛，形成了风格独特的“宋锦”，“内司街坊以绒背为佳”（宋·吴自牧《梦粱录》），其纹样繁复、组织规整、配色典雅、质地坚柔，通常采用龟背纹、规矩纹、绣球纹、雀鸟等动物图案，端庄大气，不论做衣服还是用于装裱字画，都是上上之选。

纱，今日也比较常见，按《梦粱录》所述，宋代有素纱、天净纱、三法暗

宋 刘松年《宫女图》局部

花纱、栗地纱、茸纱等名目。

纻丝，“染丝所织诸颜色者，有织金、闪褐、间道等类”（宋·潜说友《咸淳临安志》）。

罗是一种轻薄而透明的丝织物，和“纱”很像。罗的生产工艺在宋代也有了很大发展，种类繁多，有云罗、轻罗、结罗、熟罗、牡丹罗、方目罗、孔雀罗等，因其工艺精湛、成品华美，多作为贡品进献皇室，有“宋罗”之称。

宋《缂丝赵佶花鸟方册》局部

宋人的丝绣可谓是我国古代丝绸艺术的瑰宝，其中尤为璀璨的一颗，当属缂丝。缂丝又名“刻丝”或“克丝”，是一种采用“通经断纬”特殊织法的织物，有花、素二种，因其工艺繁复，古人亦用“一寸缂丝一寸金”来形容其金贵难得。虽然起源时间已经不可考，但是在宋代，缂丝工艺达到了一个空前的高度，常作为皇家御用织物，用以织造皇帝后妃的服饰和御像，以及摹缂名人字画。

北宋缂丝最有名的产地是河北定州，在宋徽宗宣和年间最兴盛。在南宋时，随着政治中心和经济文化中心的转移，缂丝在南方江浙一带也兴盛起来，故有“北有定州，南有松江”之说。

宋代缂丝巨匠朱克柔，长于绘画、缂丝，她的缂丝作品题材广泛，运丝如笔、晕色灵巧，无论是花草虫鸟还是人物都精妙异常，栩栩如生。宋徽宗还曾亲笔在她创作的《碧桃蝶雀图》上题诗赞美：“雀踏花枝出素纨，曾闻人说刻丝难。要知应是宣和物，莫作寻常黹绣看。”能得到宋代“文艺第一人”如此推崇，朱氏的缂丝水准确实不同凡响。

唐代时，女红刺绣便已成为闺中女子必学的功课，“闺绣”一说渐渐形成。到了宋代，刺绣工艺更加精湛。

北宋时，朝廷外诸司中设立了专门的刺绣作坊“文绣院”，聚集了三百余名绣艺精湛的绣女，为皇帝后妃、达官贵人刺绣服饰和摹绣图画。因文绣院还从各地选聘绣艺顶尖的绣工入院授艺，连汴京的大相国寺外都特意辟出一条“皆师姑绣作居住”（宋·孟元老《东京梦华录》）的专业绣巷，声势浩大，所以刺绣之风一时之间风靡全国。

宋绣针法细腻巧妙、配色古朴淡雅，擅长以针代笔、以线代墨，在织物上再现历史名画。

明代董其昌曾在《筠清轩秘录》中夸赞宋人之绣：针线极其细密，所用的绣针细如发丝，所用的绒线更是只有一二丝细，肉眼几不可辨。绣品的设色精妙，光彩射目。绣制的人物表情栩栩如生、袍带飞扬，山水远近层次分明，亭台楼阁的立体感很强，花卉摇曳生姿，绣制的禽鸟甚至让人感觉雀跃鸣啼、呼之欲出。有的宋绣作品虽然是仿名家画作而制，但是绣成的制品甚至比原作更出色、珍贵，更具有收藏价值，“望之三趣悉备，十指春风，盖至此乎”。

二、宋代的儿童玩具

上午九十点钟，阳光正好，孩童们吃饱饭后，便可拿上自己心爱的玩具尽情玩耍。

虽然早在汉代，泥制的小车、陶瓦制的小狗等逗弄孩子的小玩意儿就已经比较常见，但“玩具”一词，似乎在宋代的书籍中才首次出现。《梦粱录》中记载，临安城人家孩子满周岁时，要“抓周”，名唤“拈周试晬”，要在堂

宋 李嵩《观灯图》：左下角便有扑土木粉捏小象儿

宋 李嵩《市担婴戏图》：
“磨喝乐”是宋代深受孩童喜爱的玩具之一，货郎所挑货架上的玩具里就有“磨喝乐”

中罗列“父祖诰敕，金银七宝玩具”等物品；临安城夜市中，大街上售卖的有“……逍遥巾、四时玩具、沙戏儿。”这应该就是“玩具”一词目前可考的最早出处了。

无论在《东京梦华录》《梦粱录》《武林旧事》这样的宋代文献中还是在苏汉臣这样的宋代画家所绘的《婴戏图》系列作品中，都能看到大量的宋代玩具：磨喝乐、扑土木粉捏小象儿、选官图、粘竿、绢孩儿、符袋儿、弹弓、箭翎、千千车、吹叫儿、鹁鸽铃、人马转轮、八宝纹纸格、风筝、象棋、竹猫儿、打娇惜、宜娘子、鸡头担儿、猜糖、相银杏、糕粉孩儿鸟兽、像生花朵、黄胖儿、麻婆子、棒槌儿、影戏线索、傀儡儿、狮子、猫儿、杖头傀儡、锡小筵席、杂彩旗儿、单皮鼓、大小采莲船、番鼓儿、大扁鼓、竹马儿、小龙船、糖狮儿、打马图……

宋代孩子能有这么多玩具可以玩，还真是很幸福啊！

磨喝乐

“磨喝乐”是梵文音译，原为佛教天龙八部之一，传入中国后被汉化为可爱的儿童形象，是宋代七夕期间十分风行的小人偶，通常是用土木等雕塑出可爱的小童模样，加上衣服、饰品和精美的底座，罩上红纱碧笼，讲究一些的人家，还要在其上装饰金银珍珠、象牙翡翠。

磨喝乐的形象多为手持莲蓬或者荷花花苞、新荷叶的孩童，寓意“莲生贵子”。所以，七夕前各家都会给孩子穿上艳丽的衣裳，打扮一新，再买一柄新荷叶，让自己的孩子举着，模仿“磨喝乐”，取其吉祥可爱之意。

当时的宋人夸孩子漂亮乖巧，也会说：“生得磨喝乐模样。”可见磨喝乐在当时风行的程度，一点儿也不亚于今日颇受孩子欢迎的卡通人物。

当然，这么受欢迎的“磨喝乐”，价格也不便宜，贵者，“一对直（值）数千（文）者”。当时有一个泥塑名匠袁遇昌，擅长捏“磨喝乐”，他的作品纤毫毕现、栩栩如生，甚至按压玩偶的头顶，娃娃还会动（应当是内部加装了机关）！如此巧物，深受达官显贵追捧，每对竟然要价三万文以上！这么昂贵精致的磨喝乐，自然只有皇宫内廷与富贵之家才消费得起。

选官图

选官图，又名“升官图”或“彩选格”，是一种非常类似“大富翁”的棋盘游戏。

玩家初始游戏时，都为白丁平民，通过旋转四面陀螺或者投掷骰子来推进游戏。骰子投出几点，就前进几格，棋盘上每一格都有相应的判词，玩家根据判词提示，或者停留原地、或者前进或后退相应的格数。而陀螺则是在其上刻

宋 苏汉臣《百子嬉春图》局部

宋 苏汉臣
《秋庭戏婴图》

有“德才功赃”四个字，停止时文字是什么，玩家就可以折合相应的步数行进，“德”“才”可以前进，“功”停留在原地，而如果是“赃”，便要后退。最终谁的棋子先到达棋盘中心的“太师”“太保”“太傅”位置，谁就获胜。

选官图游戏盘示意

这种游戏不但可以帮助孩子们快速了解朝廷的官员结构，而且在游戏中潜移默化地教导孩子，需要具有“德行”“才干”“功劳”才可以晋升，“贪赃”则会被贬降，也是富有教育意义的。这款游戏一度甚为流行，大概宋人家长也希望能够通过游戏来激励孩子读书入仕吧。

宋代还有一种游戏“选仙图”，和“选官图”玩法十分类似，也是投骰子比大小，红色的“四点”最大，其次是“六点”和“三点”，“一点”是最小的。最开始玩家都为“散仙”，陆续“飞升”后，成为“上洞”“蓬莱”“大罗”等不同等级的仙人。如果点数扔得不合适，就会被“贬谪”为采樵、思凡之人。

“选仙图”在宋朝孩子中，也是颇为受欢迎的游戏。北宋名相王珪有诗可以为证：“尽日窗间赌选仙，小娃争觅列盆钱。上筹需占蓬莱岛，一掷乘鸾出洞天。”

推枣磨

推枣磨也是两宋时期，一个十分盛行的小玩具，这个玩具制作简易、花费甚少，可是不管贫家儿童还是富家子弟，都十分爱玩。画家苏汉臣也不止一次在他的画中绘制这个小玩意儿——推枣磨。

《秋庭戏婴图》中，一对小姐弟玩得津津有味的玩具便是推枣磨。以一枚鲜枣刻掉半边枣肉，露出半枚枣核，在剩下的枣肉上插入三根较短的小竹签，让其枣核朝上立于桌上；另外用一根略长的细竹篾，两端各插一枚鲜枣，再将竹篾小心放置在枣核尖上，轻轻一推，竹篾带着两枚枣子便会旋转不已。

通常谁转的圈数较多、旋转的时间较长即获胜。若是谁用力不当，把“枣磨”推落，那便输了游戏。

千千车

千千车就是我们今天玩的陀螺。这种圆盘状的陀螺样子很像玉璧，直径大约四寸，多用象牙制作，也有用金属、木头制作的。讲究一些的，还会在其上镂刻人物、山石等花样。陀螺的背部略略隆起，在背部中央的凸起处，装上大约一寸长的铁针。玩的时候，用手转动，让陀螺铁针立地，飞速旋转。这种游戏还会规定相应的游戏区域（或者画地为界，或者用专门的小盘），如果陀螺转出规定区域就会有处罚。《秋庭婴戏图》画面右边的玳瑁盘和“千千”小陀螺就是这个游戏。

还有一种“打娇惜”也是陀螺，不过样子和玩法与千千车略有不同，打娇惜的陀螺模样和秤砣很像，不过底部比较尖一点，多用木头制成，玩的时候将其放在地上，用鞭子抽打旋转。

宋代的玩具还有很多，比如：在小木板上放上土，种上一些谷粟，等到长出小苗，放上小房子、人物、鸡、牛等小玩偶，模仿村庄的样子，这就是“谷板”，和今天孩子“过家家”的玩具小房子何其类似！

还有用黄蜡浇铸成大雁、鸳鸯、小鱼、小龟等小玩意儿，再于其上描金画彩，十分别致，叫做“水上浮”。

把绿豆、小豆、小麦等种子放在瓷器中，浇上水，等到出芽数寸之后，系上彩色的绳子，谓之“种生”。

宋 佚名《小庭戏婴图》

有如此多新奇有趣的玩意儿相伴，想来宋代孩子的童年时光也定是充满了欢声笑语的吧。

三、发奋识遍天下字，立志读尽人间书

每日巳时，琅琅的读书声从学堂中传出，这正是学子刻苦用功的时候。

宋朝重文抑武，确立“兴文教、抑武事”的国策，朝野上下都十分重视教育，加上经济发达、科技辉煌，所以宋代的教育事业相当兴旺繁荣，教育的普

宋 佚名《初平牧羊图》局部

及程度堪称历史高峰。

宋朝在教育投资上毫不吝啬，各地的官办学校大多免收学费，个别地区或许象征性地收取一点学费，但若真有家境赤贫的学子也可免交；每月太学还给每位学生发一千文钱补助，居无定所的“孤寒士子”还可获得政府提供的免费食宿。

宋时期，朝廷组织了三次大规模的“兴学”活动：宋仁宗庆历年间兴建太学；宋神宗熙宁年间王安石变法实施“三舍法”（三舍法的实质是用学校教育取代科举考试。将太学分为上舍、内舍、外舍三等，学生人数为上舍100人、内舍300人、外舍2000人。官员子弟可以免试入学，而平民子弟则需通过考试才能入学。“上等以官，中等免礼部试，下等免解”，如此一来，“太学”实际上就成了选官制度的一个组成部分）；宋徽宗崇宁年间将“三舍法”向州县学推广。同时，私学也得到了迅速发展。宋代书院也大受推崇，成为集教育和学术研究于一体的教学机构，其中涌现了不少著名书院，有的书院招牌至今仍熠熠生辉，如：湖南长沙的岳麓书院、江西庐山的白鹿洞书院、河南商丘的应天府书院、湖南衡阳的石鼓书院等，举国上下，形成了重视文化、重视教育的“崇文”风尚。

古人将对儿童进行启蒙教育的学校或者私塾等教育机构称为“蒙学”，注重蒙学、“教育从娃娃抓起”，是宋代教育的显著特点。宋代统治者曾多次下令在地方设立“小学”，所以当时的蒙学除了民间私塾，也有官办的“官学”。苏东坡曾在《东坡志林》中说“吾八岁入小学”，古人惯以虚岁计年，以此推断，苏轼是七岁时上的小学，和今天孩子的入学年龄相差无几。

宋人所用的蒙学教材中，常用的三本被称为“三百千”。除了《千字文》之外，《三字经》和《百家姓》都成书于宋代，词句浅显易懂，音韵优美，朗朗上口，受众甚广，至今仍在流传。能编写出这样出色的教材，这与宋代教育学家们注重儿童心理学密不可分——比如程颐认为：“教人未见意趣，必不乐学。”所以，教授孩童知识，内容一定要生动有趣，学生才愿意学习。

蒙学不仅教文化，对于孩童的言行品德、礼仪着装和生活习惯等各个方面都有严格要求：“居处必恭，步立必正，视听必端，言语必谨，容貌必庄，衣冠必楚，饮食必节，堂室必洁”（宋·朱熹《朱子论定程董学则》）。至于学习方面，更是一丝不苟：凡读书时“不可误一字，不可少一字，不可多一字，不可倒一字”（宋·朱熹《蒙学须知》）。蒙学也教授书法、绘画等课程，老师还会教孩童如何鉴赏书画；课余也鼓励孩子进行蹴鞠、捶丸等体育活动。由此看来，宋人的教育理念非常值得称道，不仅传授知识，还培养孩子良好的学习、生活习惯，也就是德、智、体、美、劳全面发展。

尤其难得的是，宋代不仅非常重视对男孩子的培养，对于女孩子的教育也极为重视。所以北宋士人魏泰有言：“近世妇女多能诗，往往有臻古人者。”比如魏泰自己的姐姐魏氏自幼就饱读诗书，是北宋著名的女词人，被封为“道国夫人”。

当然，宋代甚至整个中国古代史上，最光彩耀眼、璀璨夺目的女词人，非李清照莫属。她出身名门，母亲王氏为宰相王珪之女，父亲李格非进士出身，

清 崔错《李清照像》

清 陈宇《仕女图》
（从左至右依次为：《梧叶惊秋》《竹荫铅椠》《阆苑采芳》《玉局敲闲》）

是苏轼门下，家中藏书颇丰，是不折不扣的书香门第。李清照从小受到良好的教育熏陶，不但诗词娴熟，对于焚香、点茶、挂画、金石鉴赏这样的风雅之事，也十分精通。

南宋还有一位才女胡氏，时人有“李清照第二”之称，她自号“惠斋居士”，也是自幼通晓琴棋书画、诗史茶香。

当时女子向学之风如此浓厚，甚至出现了史无前例的女童参加科考的现象。据《宋会要辑稿·选举九》记载：“自置童子科以来，未有女童应试者。自淳熙元年夏，女童林幼玉求试，中书后省挑试所诵经书四十三件，并通，诏特封‘孺人’。”淳熙元年（1174年）是南宋孝宗皇帝赵昚在位期间，这位比较英明的皇帝进行了一系列改革举措，比如设立“童子科”，鼓励全民尤其是少年儿童努力读书。这一年，年仅九岁的女童林幼玉参加童子科考试，熟读经史子集的她，顺利通过各级考试，获得了“孺人”的封号。这样的封号在之前的历朝历代都是官员为自己的母亲或者妻子向皇帝讨得，可年幼的林幼玉硬是凭自身的才华获得这一殊荣，在数千年封建社会的历史长河中，成为空前绝后之人，在史书上留下一段千古佳话。

林幼玉在某种程度上算得上是当时的“女性时代楷模”，她用自己的努力和实际行动向世人证明了：只要有真才实学，女子在朝堂之上也可以拥有自己的一席之地。

然而，能在历史上留下才名的女子毕竟不多。直到将近四十年后的宋宁宗嘉定五年（1212年），才又有另一位惊才绝艳的女童横空出世。这位女童名叫吴志端，申请科考之时年方八岁，比林幼玉还小一岁。她也顺利通过了国子监的考试。不过她的运气不如林幼玉，在即将参加皇帝亲自主持的考试时，有一干思想老旧保守的大臣上书，说：朝廷设立童子科的目的在于表彰学业出色的少年才子，为国家储备人才。但是吴志端考这科举，以后要如何安排工作？而且若以后上朝时，她穿着艳丽的服饰，化着明媚的妆容，站在群臣中，是何等怪异突兀。《礼记》中认为女子就该在家纺纱织布，甚至出门时都该遮挡脸面。吴志端既然熟读经史子集，为什么不明白这其中的道理，还到处抛头露脸、毫无愧疚之心？为免今后有伤风化，不如赏赐她一些束帛表彰一番就好（清·徐松《宋会要辑稿·选举一二》）。

据史书记载，宋宁宗赵扩虽然算得上是忠厚皇帝，但其执政能力并不出色，经常无甚主见。他看到大臣上书如此说，便应允了。所以吴志端小姑娘最后只凭借才华获得了一些经济奖励，并未获得更多的朝廷认可。而且尤为令人惋惜的是，此后的封建王朝历史中，便再也不曾见到女子参加正式科考了。

第六章 午

午时：午枕花前簟欲流，日催红影上帘钩

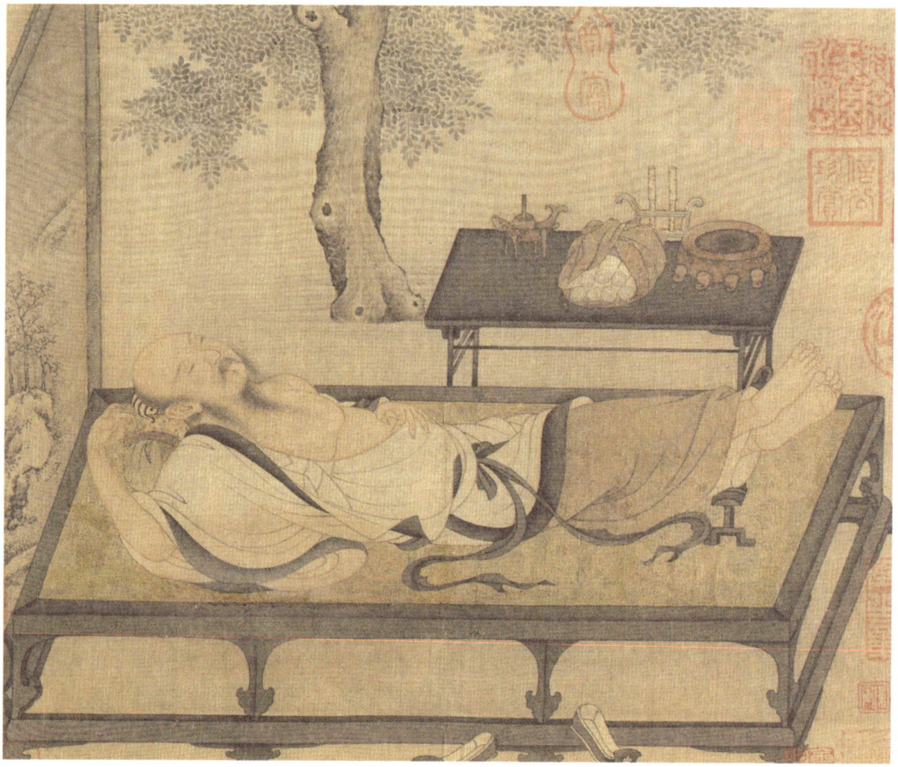

宋 佚名《槐荫消夏图》

午时，十一点整至下午一点整。此时为“中午”，又被称为日中、日正，此时是太阳高挂天中，日照最强烈的时候。据说这时阳气已达到极限，阴气将开始产生。

按照《皇帝内经》的说法：“阳气尽则卧，阴气尽则寤。”阳气极盛的午时，与阴气极盛的子时一样，正该躺下好好休息。此二时睡觉，谓之“子午觉”。在古代养生谚语中“三寒两倒七分饱”，其中的“两倒”，便是提倡睡好“子午觉”，如此对于养生极佳。

午时适宜小憩，古人称其为“昼寝”，不宜眠长，睡上一两刻钟即可。

一、困眠得就纸帐暖，饱食未厌山蔬甘

极其讲究生活品位与生活品质的宋人，如何会错过午睡？宋画《槐荫消夏图》中便描绘了这样一幅场景：盛夏酷暑，一位文士让人将凉榻放到室外大槐树下，踢掉鞋子，赤着双足，半敞衣襟，眯着双眼，惬意地躺下休息。凉榻左边的条案上，有香炉、书卷、茶漏、蜡扦等物件。不难想象，午睡之前，这位雅士或许还在香炉中打了一个香篆，一可添庭院内清雅助眠之气，二可驱除蚊虫蝇蚁。文人心性，床头还立了一扇屏风，上绘“雪景寒林图”，大概取其望雪生凉意之法。

就连睡个午觉都如此惬意潇洒，真真只有宋代的高人隐士才能有此闲适情怀！

男子可在户外小憩，坦胸赤足也不减风流。宋时的女子可不敢如此豪放。她们的午觉，自然是歇在闺房之中、床帐之内。

宋人的床帏寝具，也别有雅趣。

今人或许很难想象，雅致的宋代文人竟然热衷于用纸来做床帐。陆放翁曾有诗曰：“纸帐光迟饶晓梦，铜炉香润覆春衣。”史弥宁也说：“恨渠纸帐关诗梦，勾引梅花搅一冬。”

两宋之时，我国的造纸技术已经达到一个新高度，以藤和楮皮造出的纸张不但幅宽甚大，而且洁白光亮、绵密厚实。其上虽然会有细纹，但是不仅不会有碍观瞻，反而更添雅趣。难怪苏东坡会盛赞纸帐：“乱文龟壳细相连，惯卧青绫恐未便。洁似僧巾白氎布，暖于蛮帐紫茸毡。”

由此诗我们不难看出，当时的纸帐不但如上好的细棉布一样洁白，而且保暖系数还很高，甚至比紫茸毡更出色。尤其其上的纹路缠枝细密，风雅至极。时常会引得文人挥毫泼墨，于其上笔走龙蛇、写意山水、描摹花蝶。

从存世的资料中，我们可以得窥宋代纸帐的样式：多半是在床的四角各有一根黑漆立柱，其上横架一个“大方目顶”——由很多细木条纵横交错，拼成

类似棋盘的床顶，为了便于透气，床顶通常不再覆纸，而罩以稀布。帐架在床头、床尾、贴壁的三面，则用纸帐罩上；上下床的那一面，则是可开可合的幕帘形式。用于做纸帐的纸都是长宽各有一丈多的大幅纸，事先需要经过特殊处理。具体做法是将这些藤皮茧纸缠在箭杆之上，用绳索勒紧，静置几天之后再把纸从箭杆上取下，其上便会布满像龟甲一样的纹路，增强了纸张的耐损力。制帐时，把布满皱纹的大纸固定到帐柱上，大纸与大纸之间不用浆糊涂抹粘连，用线缝上即可。如此，一顶轻便别致又颇具雅趣的纸帐就做成了。

宋人还极爱在纸帐上绘画，尤以梅花和蝴蝶为最。画蝶其上，大约是应了庄周梦己化蝶的故事，和缥缈闲适的浪漫意境；而画梅则盖因其傲雪凌霜，最映文人风骨。所以，纸帐又常被称为“梅花纸帐”。

在南宋林洪所著的《山家清事》中，“梅花纸帐”更是充分运用了光影投射，营造出一个虚实结合的闲适空间——将插了梅花的花瓶悬挂于床脚的四根

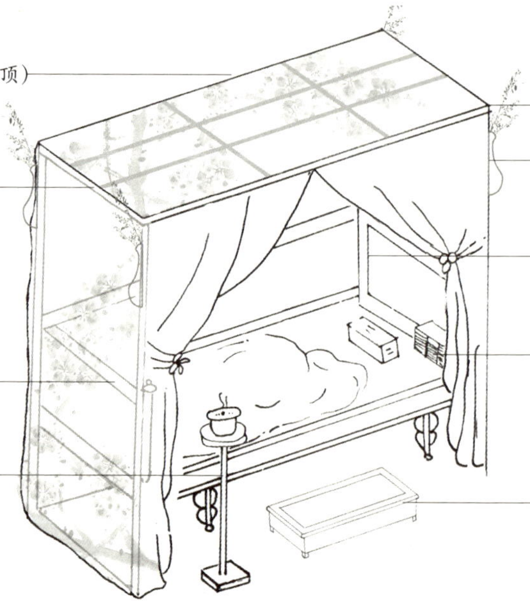

据宋人林洪《山家清事》中所述梅花纸帐的复原示意图

元 钱选《宫闱习伎图》局部：攒尖顶式碧纱帏帐

漆柱之上，正午的阳光透过窗棂，照到梅花，便会在纸帐上投影下花枝光影，摇曳生姿，大约便是最原始的“投影仪”吧！极懂得享受生活的林洪，还在床的两侧设了用于挂衣服的横杆，床脚的斑竹书架可以放些睡前阅读的枕边书，床下还设了脚踏便于歇脚；尤其令人赞叹的是，林洪还专门设计了一个“绿漆小荷叶”，这种由一根木杆支撑起荷叶形绿漆小台面的香几，简直就是这方小天地的点睛之笔——若香炉中爇一枚梅花香丸或者焚一炉梅花香粉，这“梅花纸帐”才算得上名副其实！

看来“纸帐梅花醉梦闲”，这般兼具美学和文化寓意的妙物，作为文人“素友”，果然是实至名归呢。

除了纸帐，宋人午睡时，还很青睐一物：碧纱。“碧纱”又唤作“纱橱”或“碧纱橱”，是一种类似帷帐的事物。宋人的诗词里，此物频频出现，可见亦是个离不得的爱物：“薄薄纱橱望似空，簟纹如水浸芙蓉。”（宋·周邦彦《浣溪沙·薄薄纱橱望似空》）“玉枕纱橱，半夜凉初透。”（宋·李清照

《醉花阴·薄雾浓云愁永昼》）“人卧碧纱净，香吹雪练衣轻。”（宋·史达祖《风入松·茉莉花》）

碧纱橱的外形与结构和“纸帐”相差无几，不同之处就是前者将所罩的藤皮茧纸替换为更轻盈透气的织物“纱”。要知道，在南宋时，纱的制作工艺更臻纯熟，素纱、暗花纱、天净纱都已广泛生产。这些纱品纹理细密，呈半透明状，既有朦胧含蓄之美，又有清新飘逸之态，用作床帐，不但风雅，还能防蚊虫，应该就是“蚊帐”的前身。

所以宋人午睡，冬日离不得纸帐，夏日便全赖碧纱橱了。“凉簟碧纱，一枕清风昼睡馀。”（宋·苏轼《南乡子·自述》）如此神仙日子，谁不羡慕？

宋 赵大亨《薇亭小憩图》局部

二、幽窗午梦诗兴长，文士捉笔昼寝后

清代著名文学家、戏曲家李渔平生颇懂生活艺术，对于休闲文化生活更是深谙其味。他曾在其所撰写的《闲情偶寄》中，对于“午睡养生之法”有如此评述：“午睡之乐，倍于黄昏，三时皆所不宜，而独宜于长夏。……况暑气铄金，当之未有不倦者。”在他看来，最适宜午睡的季节是暑热长夏，因为人们午后易为暑气侵染，感到疲倦。这时“倦极而眠，犹饥之得食，渴之得饮，养生之计，未有善于此者”。

宋代文人十分注重养生，绝大多数人都有“昼寝”之习。对于文人而言，午睡之后，灵台清明，神清气爽，诗潮澎湃，妙语频现。他们中的很多人在“昼寝”之后诗兴勃发，着实留下了不少佳作。

苏舜钦在《夏意》中写道：“别院深深夏席清，石榴开遍透帘明。树荫满地日当午，梦觉流莺时一声。”想必诗人午觉一定睡得甚美，醒来后才能描绘出这般声画俱佳的梦幻场景。

与这首《夏意》优美意境遥相辉映的，还有一首杨万里的《闲居初夏午睡起》：“梅子留酸软齿牙，芭蕉分绿与窗纱。日长睡起无情思，闲看儿童捉柳花。”两位诗人午睡初醒时都还有些神思迷怠：一位言“夏席清凉”，另一位道“梅子留酸”；一位的帘前开满艳红石榴，另一位的窗前芭蕉正绿；一位耳中听得柳莺鸣啼，另一位则闲看儿童嬉闹。虽然遣词用句大相径庭，但两位诗人的诗句，不约而同地让人对午睡后的闲情逸致感同身受。

蔡襄就曾作《昼寝宴坐轩忆与苏才翁会别》：

投凉下马卧僧家，绕簟清风卷绛纱。
修竹满前微雨过，远山无际薄云遮。
武侯旧隐人应到，闽粤孤城日自斜。
解与尘心消百事，更开新焙煮灵芽。

苏才翁既苏舜元，是北宋的文学家、书画家，庆历年间的进士，善草书、隶书，与同为书法大家的蔡襄彼此意气相投、惺惺相惜，时常一同切磋书艺。这首诗是蔡襄回忆苏舜元的作品，午睡之后，忆起故友，煮茶品茗，方可消解尘心百事。

黄庭坚也是酷爱“昼寝”之人，他曾作《种决明》，其中有“枕囊代曲肱，甘寝听芬苾，老眼愿力余，读书真成癖”的诗句，可见他将决明子用来装枕头。自古以来，香、药同源，作为极爱调香之人，黄山谷自然颇懂药理，知晓决明子可以“益精气、明目、延寿”，用做文人枕囊实在是再合适不过了。

王安石平日虽不拘小节，但在夏日午睡之时颇为注重枕头，非方布枕不用。据明代文学家陈继儒所撰的《销夏部》，欧阳修问王安石为何爱用方布枕，王安石回答：“睡久气蒸，枕热则转一方冷处。”也就是说，这一面睡热了，就将枕头翻一面，换凉的睡。如此有生活情趣，难怪欧阳修要笑他：“介甫知睡，真懒睡也。”或许是这番对话给了王安石灵感，他写下了《次韵欧阳永叔端溪石枕蕲竹簟》，这首诗中有“端溪琢枕绿玉色，蕲水织簟黄金文”的诗句，端溪石枕、蓟水竹席，文人之间互赠的礼物真是极风雅又实用。

至于性格豪放的陆游，其诗歌语言“清空一气，明白如话”，风格多气势奔放、波澜壮阔。他曾在《初夏幽居》中写道“瓶竭重招曲道士，床空新聘竹夫人”。这个“竹夫人”并非真人，而是一种有趣的寝具，是用竹篾编成的长条形空心笼子，睡觉时抱着这“竹夫人”，可以取其清凉之感。陆游也是个极爱午睡之人，毕竟在他看来“苦爱幽窗午梦长，此中与世暂相忘”，睡个午觉就能暂时忘掉所有的烦心事。午睡之后，他便爱捉笔作诗、填词，仅简单直白以“午睡”为题的诗便不下数首，而与“午睡”相关的诗词，更是有数十首之多。

大抵午睡后心思总是会绵软一些，陆游以“午睡”为主题的诗词，其行文遣句多半都充满了生活气息，时常还有生动俏皮之感。“槐楸阴里绿窗开，天与先生作睡媒。流汗未乾衣上雨，大声已发鼻端雷。”（宋·陆游《午睡·槐楸阴里绿窗开》）“如何得一室，床敷暖如春。午枕挟小醉，鼻息撼四邻。”（宋·陆游《午睡·如何得一室》）“帐底香云凝未散，手中书卷堕无声。簟

宋 佚名 《柳院消暑》局部

纹似水飞蝇避，鼻息如雷稚子惊。”（宋·陆游《午睡·梅黄雨足喜初晴》）看来放翁老先生极爱打呼噜，并且动静不小，午睡之时鼾声如雷，竟然可令四邻震撼、孩童惊怕，着实厉害！

陆游还做过一首《客去》的打油诗，据说是根据《睡丞记》而作。这是一个令人忍俊不禁的小故事：华亭县丞拜访一位乡绅，在等主人家出来之时，竟然就在座位上睡着了。过了一会儿，主人出来了，看到客人睡得正熟，不忍心叫醒他，也在客人对面坐下睡觉。一会儿县丞醒了，见主人睡得很香，自己又

宋 佚名《柳荫高士图》

接着睡；主人醒来，见客人还在睡，自己也接着睡吧。如此这般，两人竟然相对睡到了傍晚！这时县丞醒了，看主人还睡着呢，于是悄悄地离去。主人醒来后，已不见客人踪迹。

这个诙谐的小故事在陆放翁笔下，便生出了几分文人闲逸洒脱的韵致，“相对蒲团睡味长，主人与客两相忘。须臾客去主人觉，一半西窗无夕阳。”不仅有趣，还添了“宁静致远”的情怀。

读着这些诗句，仿佛看见一个可爱的老头儿形象栩栩如生、跃然纸上。

宋人还真是将生活过成诗了，就连睡个普通的午觉，都可以为他们带来这么多创作灵感；又或许在他们心中，午睡已经不只是一种幸福的生活方式，而是一件饱含艺术、情蕴丰富的文化雅事。

宋 刘松年《卢仝烹茶图》局部

未

第七章

未时：
偷得浮生片刻闲，
秋千蹴鞠尚豪华

未时，下午一点整至三点整。此时太阳开始偏西，所以被称为“日侧”，又被称为“日昳”或“日跌”。

这时人们午睡醒来，精神正好，恰是应当进行一些文体活动，松乏筋骨的时候。宋人十分青睐蹴鞠、捶丸，还有一些文人士大夫也会在此时挥毫泼墨、写字作画；女子还可荡秋千，或者抚琴，亦添韵致。

一、蹴毬尘不起

如果评选一项宋人最喜爱的体育运动，“蹴鞠”绝对会拔得头筹，毕竟从开国皇帝到市井小民，人人都爱踢上一脚，称它为“宋代国球”，应当毫无异议。

蹴鞠，也叫“蹵毬”或“戏毬”，是我国古代的一项体育运动，最早出现在春秋战国时期，也是现代足球运动的起源。

蹴，其意为“踢”；“鞠”就是古代的一种皮球。最初的“鞠”是实心的，以熟牛皮做球囊，中间填充毛发，这种“鞠”没法做得很圆，它的弹性也

“童子蹴鞠图”瓷枕 河北博物院藏

不算很好，不过一直沿用到唐朝中期。后代的蹴鞠爱好者渐渐改进了制“鞠”的工艺，虽然仍旧是用皮革做球囊，但是把填充物换成了充气的动物膀胱，并且增加了皮球囊的片数，使之更接近球形。

男女蹴鞠铜镜

宋代，这个惊才绝艳的时代，人们对于热衷的运动，自然会尽力精益求精。聪明的宋人首次将鞠的皮革片数增加到了十二片，“十二香皮砌成”；又把外缝线改为了内缝线，“密砌缝成，不露线角”；内囊是牛或者其他动物的膀胱充气而成，这种鞠球的滚动性和可控性更好。从存世的宋代磁州窑“童子蹴鞠图”瓷枕来看，上面“鞠”的外形已经十分类似今天的足球了。尤其厉害的是，宋代朝廷甚至从官方角度规定了鞠球的重量：“正重十二两”。按照1宋两约等于40克，算下来宋代的鞠球大约重480克，和现代足球450克的标准已经高度接近。

宋代蹴鞠虽然已经有类似现代足球比赛的球门，但是玩法与今日的足球赛以射门得分为唯一目标还是有一些不同之处。由于内里装了气囊的鞠球很有弹性，所以当时非正式场合流行的玩法之一不是射门，而是有些类似踢毽子——大家围成一圈，轮流将鞠球踢到空中，使其尽量不掉在地上，谁若“马失前蹄”没踢到，就会觉得十分丢脸；如能久踢不落，则蹴鞠之人和围观者都会欢声雷同、欣喜万分，这种玩法叫做“筑毬鞠”。

宋代的蹴鞠运动十分盛行，皇宫内院、市井小巷都有蹴鞠爱好者的身影。这项运动如此广受欢迎，与政府的大力提倡密切相关。

首先宋代开国皇帝宋太祖赵匡胤就酷爱蹴鞠，而且是个技艺颇为高超的蹴鞠达人。他擅长的玩法叫做“白打”，这种“花式蹴鞠”最早原是女子最爱，即踢球时，除了脚以外，头、肩、胸、腹、背、膝、小腿也都可以接触鞠球，

元 钱选《宋太祖蹴鞠图》局部

踢起来十分好看，和今天的花式足球颇为相似，赵匡胤的技术精湛到可以使球“终日不坠”，十分了得。宋太祖不但自己爱踢，还经常招呼自己的弟弟赵光义和一些也擅蹴鞠的臣子一起玩耍。《宋太祖蹴鞠图》就生动地描绘了这一场景：宋太祖赵匡胤与其弟赵光义，近臣赵普、党进、石守信、楚昭辅他们一起“白打”蹴鞠。

宋太宗赵光义对蹴鞠的爱好，比其兄有过之而无不及。据《宋史·太宗本纪》记载：他曾在太平兴国五年（980年）三月，与亲王、宰相以及淮海国王（原五代十国时期吴越国的最后一位国王钱俶）和他的近臣，一起进行了一场蹴鞠友谊赛。以踢球的方式来外交，看来这项运动不但宋人喜欢，淮海国上下应该也颇为推崇。

从画像上看十分斯文柔弱的宋徽宗，可不仅只会吟风弄月、写写瘦金体、绘绘花鸟画，他也是个铁杆蹴鞠迷：赵佶还未坐上皇位时，就因为高俅球踢得好而赏识他；当了皇帝之后，更是因为欣赏高俅的球技而破格提拔他担任要职。当然，宋徽宗这样的“文艺青年”，对于热爱的运动照例是要吟诗赞美一番的：“韶光婉媚属清明，敞宴斯辰到穆清。近密被宣争蹴鞠，两朋庭际再输赢。”（宋·赵佶《宫词·其四五》）

宋徽宗是个活得十分恣意率性的皇帝，对于他喜欢的事物，从来都不遗余力地推广，比如他喜欢簪花，又比如他喜爱蹴鞠。从他的圣寿“天宁节”开始，蹴鞠就成了宋代宫廷大宴中必不可少的表演项目，朝廷中也养着专业的宫廷筑球军，这大约就是我国古代的职业足球运动员了。在宋徽宗的寿宴中，饮第六盏御酒之时，“皇家足球队”左右军要出场进行踢球表演。集英殿前会立起高约三丈的球门，上面装饰彩色丝绦；两队“球员”各十余人，分别穿红锦袄和青锦衣，按照一定的章程颠球数轮后，传给球头（队长）再射门。虽然是表演赛，但是谁都不敢马虎，因为胜的一方会得到皇帝赏赐的银碗锦彩，输的一方则要吃鞭子。

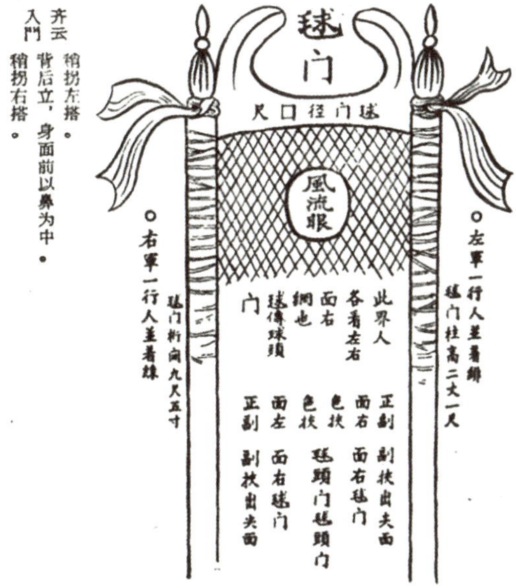

宋佚名《戏毬场科范》：宋代蹴鞠场示意图

宋代皇帝不但喜欢亲自下场踢球，而且爱看球赛。据《宋史·孝宗本纪》记载：淳熙四年（1177年）九月，南宋孝宗皇帝赵昚就曾坐于选德殿，兴致勃勃地观赏了一场足球赛。看一场球赛也能载入史册，可见宋人有多么喜爱和重视蹴鞠运动了。

宋代的国家大宴中，鞠球是固定的表演项目。《武林旧事》中宋理宗赵昀在他的生日“天基令节”的寿宴庆典上，也安排了一场“筑球”比赛。不过参赛球队“筑球军”的规模从北宋时的三十二人，已经减为二十四人，这也更接近今日足球比赛的人数。

除了皇帝青睐有加之外，蹴鞠运动得到政府提倡的一个重要原因是，宋人认为蹴鞠是一项非常好的体育运动，能够锻炼身体，尤其是腿部力量。南宋江少虞在《皇朝事实类苑》中就曾提到：“蹴，陈力之事，故习蹴鞠，乃习射之道。”

因此，在宋人看来，蹴鞠可不是一项单纯的娱乐运动，还与提高军人身体素质和射箭技术密切相关，怎能不大力提倡？

上有所好，下必甚焉。宋代的皇帝对蹴鞠运动如此推崇、重视，全国上下自然也是跟风而行。

随着社会的发展，宋代的城市中出现了以表演蹴鞠技艺为生的职业蹴鞠伎艺人。由于民间传统的社日集会庆典广泛开展，城市中的百戏艺人便自发抱团组社，蹴鞠艺人也自发地成立了“蹴鞠打球社”等表演团队。

当时宋代民间最大的全国性专门蹴鞠组织为“齐云社”。齐云社由全国蹴鞠技艺高超的人群组成，在各城市均有分部，以都城最强；社规严谨，入社人员需要经过严格的技术考核，以能耐论高低，最高级为“校尉”。齐云社经常会到瓦舍勾栏中进行表演或者切磋技艺，他们的表演扣人心弦，故而每每有齐云社的演出，那处勾栏便会一票难求。齐云社还有一项重要的职能，每年都组织一次全国性的比赛，以此来确定蹴鞠伎艺人的技术级别，所以更像技术考核。因为这个比赛于山上举行，所以谓之“山岳正赛”。由此可见，齐云社这个机构有点类似今天的“足协”。

除了伎艺人团体齐云社，还有一个更清贵的蹴鞠组织在宋时也赫赫有名——“圆社”。与齐云社成员多以蹴鞠为业、卖艺为生不同，圆社中有不少富贵闲人，蹴鞠对他们而言只是爱好，属于玩票性质，其成员称为“圆友”。若想

宋 马远《蹴鞠图》

明 仇英《蹴踘仕女图》

要加入圆社，除了蹴鞠技艺的考核，大抵还要考量一下风姿仪容、家世学问吧。所以当时很多喜爱蹴鞠的文人都以能入圆社为荣，故而时人有言：“不入圆社会，到老不风流。”《事林广记》有诗可证：“四海齐云社，当场蹴气毬；作家偏著所，圆社最风流。”

尤其值得一提的是，宋代的女子蹴鞠运动也极为盛行。风流的圆社不但吸引文人清贵，更吸引了一众“好女儿”——陈元靓就曾在《事林广记》“圆社市语”中生动地描绘了女子蹴鞠者的美丽装扮和出众的仪容神采：“生得宝妆跷，身分美，绣带儿缠脚，更好肩背。画眉儿入鬓春山翠。带着粉钳儿，更绾个朝天髻。”

美人踢球，自然令人赏心悦目，宋代文人的灵感在此情此景的激励下，自然文思泉涌，描绘、夸赞女子蹴鞠的诗词写得精彩华丽。王珪诗曰：“翡翠盘龙装绣额，真珠双凤蹙花毬。”汪元量诗曰：“舞馀燕玉锦缠头，又著红靴踢绣球。”字里行间，足可见宋代女子蹴鞠运动何等风行。

除了文字，从那些保存到今天的宋代文物中，我们也可以窥见宋代女性对蹴鞠运动的喜爱。耀州窑的青瓷上，有母子蹴鞠图，至于多枚流传至今的宋代铜镜上，也有男女一同蹴鞠的图像，可见当时不但女子蹴鞠十分兴盛，在踢球时也并无男女大防。甚至名满全国的齐云社，也对女子敞开蹴鞠大门，和男子一样进行技术考核，一视同仁，如有球技高超的女子能够达到校尉级别，就可称之为“女校尉”，享受和男子一般的待遇。

女子踢的鞠球称为“绣球”，比普通的鞠球更精致一些，有时会饰以彩绘，更夸张者还会系上彩带。当时甚至还有专门的女子蹴鞠队，规模颇大，竟有153人之多！这些女球员被称为“女弟子”，她们穿着宽松的四色衣衫，腰间系上漂亮的锦带，蹴球之时身形矫健、足法灵动、英姿飒爽，踢蹴之间只见彩带翻飞，玉面红妆，十分惊艳！女子蹴鞠队表演之时，观者如云，“华庭观赏，万人瞻仰”（参见宋末元初马端临《文献通考》）。

宋 苏汉臣《长春百子图卷》局部

宋代的孩童也从小蹴鞠。比如著名的“文彦博灌水浮球”的故事：一群儿童蹴鞠玩耍，球入树洞，诸童以手摸、以棍拨，皆无法取出球。一个叫文彦博的孩子将水灌入洞中，水满之后球浮出洞口，实在机智。宋代的很多文物上，都有“童子

元 胡廷晖《宋太祖蹴鞠图》

蹴鞠图”的内容，由此可知，在当时蹴鞠也是孩子的童年好玩伴。

对于孩子玩球，宋代的家长不但不会反对，还大力支持。因为在当时，能踢一脚好球，实在是一项非常重要的技能，不输于熟读经史子集、会做科举文章。为何这么说？要知道，在宋代因为蹴鞠技艺高超而飞黄腾达者，不只大家熟知的高俅高太尉一人。宋代著名词人柳永的兄长柳三复亦是用鞠球作为“敲门砖”，成功地敲开了宰相丁谓的家门，也成功地走上了自己的仕途之路。

据宋人刘邠的《中山诗话》中记载：宋真宗时期，柳三复虽有文才和功名，但一直仕途坎坷，屡次选官不中。柳三复此人蹴鞠技术颇为高超，他听闻当时的宰相丁谓也酷爱此道，便想以此为门路，谋个官身。奈何囊中羞涩，始终凑不出打点宰相门房的银两，见不到丁谓。柳三复别无他法，只好“守株待兔”，日日等在宰相府的球场墙外。功夫不负有心人，终有一日，一只鞠球飞过高墙，飞到了柳三复怀中。柳三复兴高采烈地以还球之名进了宰相府门。他见了丁谓之后，将球抛在空中，使出浑身解数，一边跪拜行礼，一边用肩、背、头顶球，直至行礼完毕，球也未曾掉落。丁宰相见柳三复有此非凡球技，遂起了爱才之心，后来助他谋了一个不错的差事。

宋代爱踢球的高官不止丁谓一人，赵普、党进、石守信、楚昭辅等一干重臣都是个中好手。名闻天下的益州节度使文彦博（前文“灌水浮球”故事的主人公，他长大后仍无比迷恋蹴鞠这项运动），不论公务多么繁忙，都要抽空踢球。偶尔他因紧急要事中断了蹴球，事毕后也要回到场中“竟球乃归”（《宋史·文彦博传》）。所以，“蹴而优则仕”，或者算是一条当时下层人士看得见、够得着的仕途捷径吧。

无论如何，“蹴鞠”一事，在宋代实实在在是最受推崇的运动，没有之一。

二、寒食汴梁十万家，漫随女儿打秋千

清 陈枚《月曼清游图册 · 二月荡秋千》

宋人除了热爱蹴鞠以外，对于秋千也格外青睐，因此这项民间的体育运动，在宋代达到了空前的鼎盛时期，仅《全宋词》中提到“秋千”的次数就不下两百余条。

李清照在《点绛唇·蹴罢秋千》中，就以白描的手法，生动刻画了一个豆蔻少女的娇憨之态：“蹴罢秋千，起来慵整纤纤手。露浓花瘦，薄汗轻衣透。见客入来，袜刬金钗溜。和羞走，倚门回首，却把青梅嗅。”

词人荡完秋千，出了一点薄薄的香汗，娇嫩的纤纤细手磨得有些许红，慵懒地轻轻揉两下，倚在门前，轻嗅一枝青梅，低头回眸间，少女娇羞的面容却比花更要美上三分。如此动人场景，实在美不胜收。

大抵是因为女子荡秋千时高高飞扬，衣带飘飞，颇有几分“神仙之态”，以至于唐代宫中将其称为“半仙戏”，所以这项极具美感的运动尤其得女子青睐。

宋代女子在寒食节和清明节，除了蹴鞠运动，荡秋千也是极盛行的节庆活

动。多少闺中女子，趁着荡秋千充分展示个人风采，也许就在秋千起落之间，便邂逅了自己的良人。

北宋汴梁百姓出城探春之时，“举目则秋千巧笑，触处则蹴鞠疏狂”（宋•孟元老《东京梦华录》）。尽显风流俊逸、恣意洒脱。

当然，特别富有创新精神的宋人，不会只局限于常规的秋千模式，他们创出了极具观赏性的高难度玩法。宋徽宗就在临水殿观赏过这样的秋千表演。这种能在御前一展身手的演出，自然不是普通的荡秋千。《东京梦华录》中清楚地记录了这次扣人心弦的表演：当时禁军将秋千安在两艘画船之上，船身随波荡漾，给表演增添了难度。船尾有各色伎艺人在进行百戏表演，旁边又有禁卫军官兵擂鼓、吹笛助兴。表演者在乐声中一跃而上秋千，荡到与秋千横杆平齐时，松手脱绳，在空中翻个前空翻，落入水中。这就是“水秋千”，是百戏杂技的一种，和今天的花样跳水略有几分相似之处。

三、城中众人喜捶丸，一棒横击落青毡

除了蹴鞠、秋千，“捶丸”也是风行宋代的一项高雅运动。

如果说唐宋时期流行的马球比赛是需要力量和速度的对抗性运动；那么捶丸，或者便是一些力有不逮的宋代文人改良研发出的一项讲究秩序与雅致的娱乐运动，充满了浓浓的“宋代气息”——文明、和谐、悠闲。

磁州窑婴戏捶丸枕

“捶丸”，顾名思义，击打小球。这种“小球”，通常用树身上

所结的“瘿瘤疙瘩”所制，这种“瘿瘤”也被称为“赘木”，木质非常紧实致密，制成球丸十分结实，轻易捶打不坏，非常耐用。宋代正规的捶丸比赛，多在野外进行，不选平坦地势，而要选地面高低起伏，有地形变化之处。不设球门，而在地面设球穴。不同的地方对球穴有不同称呼，“窝”“家”或“湖子”都是指球穴，其旁亦插小彩旗作为标记。宋代王明清所著的《挥麈后录》中所载：“孟知祥初镇成都，见蜀人击球，一棒便入湖子者，谓之猛入”。孟知祥是后蜀开国皇帝，看来早在宋朝建立之前，那时的蜀中便已盛行捶丸，而成都人民玩捶丸者中，不乏技高之人。

捶丸所用的球棍在当时被称为“棒”，和今天的高尔夫球有不同的球杆一样，也有许多不同类型的“棒”，如杓棒、扑棒、攛棒、单手、鹰嘴等，分别适合不同的击打需求。如：扑棒“能飞不能走，又不能收窝”，说明这种棒只适用于远距离开球；攛棒“能走、能飞、能收窝”，说明这种球棒不但适用于远距离开球，还能近距离推杆，实在是全能型球棒。

每套球棒根据数量的多寡分为三种：全副——十根棒、中副——八根棒、小副——八根以下，大抵可以算是豪华套装、增强版套装、基础套装吧。据元代的捶丸专著《丸经》所言：“工欲善其事，必先利其器。器利艺精，心手相应，临事发机，无不中也。”所以，格外追求完美的宋代制棒匠人，会选择在秋冬之际取制棒木材，因为这时“木植津气在内”，做出的球棒坚固耐用，韧性很好。

捶丸的玩法很多，可以分队厮杀，也可以各自为战；既有数十人参加的“大会”，也可以七八人“中会”，五六人“小会”，甚至还可以两人“单对”。比赛时，以击球入窝所用棒数最少者获胜。

宋徽宗大抵是除了不太会做皇帝，其他各种玩乐技能满分的一位超级玩家。他对捶丸这种运动的钟爱之情，大概仅次于蹴鞠。《丸经》有言：“如击得球好，亦须得好棒。”作为天下第一尊贵的捶丸玩家，赵佶玩捶丸的球具自然也是无与伦比的，据《丸经·集序》所载：“至宋徽宗、金章宗，皆爱捶丸。盛以锦囊，击以彩棒，碾玉缀顶，饰金缘边，深求古人之遗制，而益致其精也。”徽宗真不愧是宋代第一讲究人儿，以锦囊作为盛装球棍的球袋，那是

捶丸和今日的“高尔夫球”十分类似

基本要求；球棒饰彩，以黄金裹边，杆顶嵌玉，极尽奢华，如此才能凸显他的皇帝之尊。和宋徽宗有同样捶丸爱好的金章宗，也如法炮制，使用这样价值万金的全套高级定制球棒。

皇帝喜好捶丸，百姓自然也上行下效。何况宋人认为：玩捶丸可以“养其血脉，以畅四肢”，是“训将训兵之一技”。

宋代的孩童，从小玩捶丸的非常多，有诗为证：“城间小儿喜捶丸，一棒横击落青毡。纵令相隔云山路，曲折轻巧入窝圆。”（宋·佚名《捶丸》）捶

宋 苏汉臣《蕉阴击球图》局部

丸运动，因其对抗性不强，尤其深受文人和女孩儿喜欢。这一点，从宋人魏泰所著的《东轩笔录》中也可以得窥一二：县令钟离君曾有一次发现一个婢女在洒扫庭院时默默垂泪，近前一看，那婢女拿着扫帚，盯着地上一个凹陷的小坑潸然泪下。钟离君觉得奇怪，询问何故。婢女回答说："看到地上的那个小坑，我就想起了儿时我父亲曾挖这小坑作为球穴，教我捶丸游戏。"钟离君听到此言，觉得这个婢女一定不会出身贫家，仔细询问之下，才知道她是前任县令的女儿，曾经也是官宦家眷。

从这些细节来看，今日的高尔夫球运动与捶丸运动简直高度相似：首先，两者都是以棒（杆）击球入洞为胜，而且不同类型的球棒有不同的击打效果；其次，两者都要选择崎岖不平的户外场地，球洞大小相差无多，就连洞旁插旗，也是大同小异。

当然，如果是普通的小型比赛，或者宫中女眷、勋戚内院在家中技痒，又或者富人闲人、垂髫小儿，随意玩乐，自然不需要一大片高低起伏的场地，任意一块空旷的地界，在上面挖几个球穴，就可以开展一场热闹精彩的捶丸运动。

另外宋代还有一种“角球”，也是以球棒击小球的游戏形式。有人认为“击角球”就是“捶丸”，但是并无相关的历史实证。不过这项游戏在宋代孩童中确实非常盛行，《蕉阴击球图》中两个小朋友分别手持球棒，正在津津有味地玩角球。大概是因为这项运动太好玩了，有的孩子沉湎其中，难以自拔，家长也会担心因此玩物丧志。《过庭录》中就记载了这样一件轶事：北宋滕元发的亲戚是著名的范仲淹，滕元发从小就待在范仲淹身边，范公很喜欢他，待他如亲生儿子一样。不过这滕元发虽然很聪明，但是有一样毛病——特别爱击角球，范仲淹训诫过他很多次，不要太贪玩，他都不听。有一次范仲淹要考查滕元发的课业，发现他又在外面击角球。范老先生气得让小吏把球用铁槌打碎。结果球弹起打到了小吏的额头，腾元发竟然还在一旁拱手小声说：“真痛快！”

宋 梁楷 《雪景山水图》局部

申

第八章

申时：坐酌泠泠水，看煎瑟瑟尘

申时，下午三点整至五点整，别称为“晡时”，又被称为“日晡”或“夕食”。从这些别称中不难看出，这是一个“该吃饭”的时候了。

宋代以前都是两餐制，古人早餐时间为辰时（食时），晚餐时间就是申时。所以这两个时辰的别称，都和用餐有关，再一次深刻诠释了“民以食为天”的古训。

不过从宋代开始实行“三餐制”，中午就算没有正式用餐，也会有“各色点心垫补”，所以晚饭时间会比申时略为晚一些，更接近我们今天的晚餐时间。这时在官署办公的官员到了下值时间，陆续回到家中，喝上一盏妻子亲手点的香茶，与家人亲近、闲话，分享这一天的趣事。

宋 刘松年《撵茶图》

注汤

碾茶

一、碾碎龙凤团，调膏鹧鸪斑

申时，在官署中累了一天的官员终于回到家中，来到后院，自有心爱的妻子准备好了几样精致的点心，布置好了一桌子茶具，红泥小火炉火势正佳，炉旁的执壶中装了甘甜的山泉水，一切准备就绪，只等自家的官人回来后，为他浓浓地点上一盏茶汤，洗去一日辛劳。

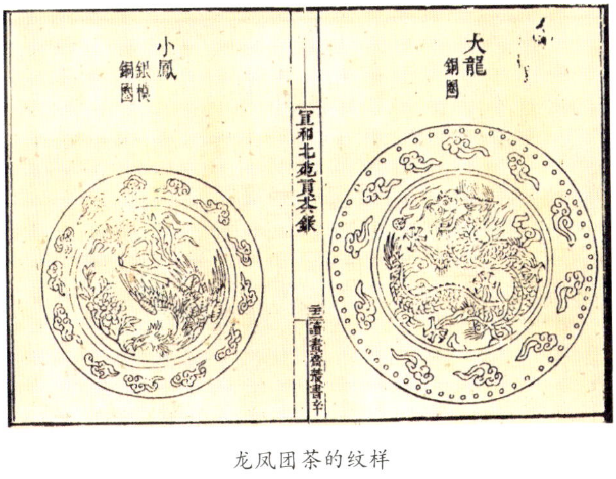

龙凤团茶的纹样

在宋代，仕宦人家不拘男女，或多或少都会点茶，因为这是一门从小就要习学的“必修课”，不过至于点茶功夫高低，那就因人而异了。

宋人常用的饮茶法，既与唐代盛行的“煎茶法”（也有叫“煮茶法”的，类似熬中药）大相径庭，也和元明以来直至今日的直接冲泡法不尽相同，他们更喜欢用“点茶法”来品鉴茶滋味。

据《宋史·食货志》所载，宋代之茶，简单来说主要分为两种：“茶有二类，曰片茶、曰散茶。”其中“散茶”又叫“草茶”，和如今的蒸青散茶相类似；而“片茶”也就是饼茶。北宋初期，丁谓任福建转运使，先后制出“凤团茶”“龙团茶”，都是团片状的茶饼。依据采制时间、芽状等，团茶分不同档，时人叫做“纲次”，共有细色五纲和粗色七纲。能够列入作为贡品的，统称“大小龙凤团茶”。这些茶的名字都十分雅致，让人只念名字便顿觉口舌生津、唇齿余香，如龙团胜雪、龙凤英华、乙夜清供、承平雅玩、万春银芽、雪英、云叶等。

为了让茶叶外观看起来更漂亮，这些团茶大多被“珍膏油其面”，就是在茶饼表面涂上油膏，使其看起来油亮光鲜。而一些自作聪明的官员，甚至还在茶饼上描金饰银、涂绘重彩，写上颂祝之词；“而入贡者，微以龙脑和膏，以助其香。”在茶中加入龙脑等香料，想让茶叶在烹点时更香，这种画蛇添足的行径实在是不懂饮茶真谛、不解风情的俗人才会做出的事。要知道当时建安民间真正懂喝茶的行家，茶叶中都不会加任何香料，因为担心浓郁的香料气息会夺了茶叶本身的真滋味。

宋徽宗这样的大雅之人，自然是深得品茶真意，他不认可茶中加香料，觉得这是弄巧成拙的做法，在其所著的《大观茶论》中一针见血地指出：“茶有真香，非龙麝可拟。”

宋代点茶不算一件容易的事，毕竟作为“四般闲事”之一，专业度很高，“不许累家”。光是点茶工具就有琳琅满目十数样，不是行家的话，别说操作了，就是准确地认出每件工具的名字都并非易事。

南宋审安老人在其所著的《茶具图赞》中，运用白描图解，以生动拟人的

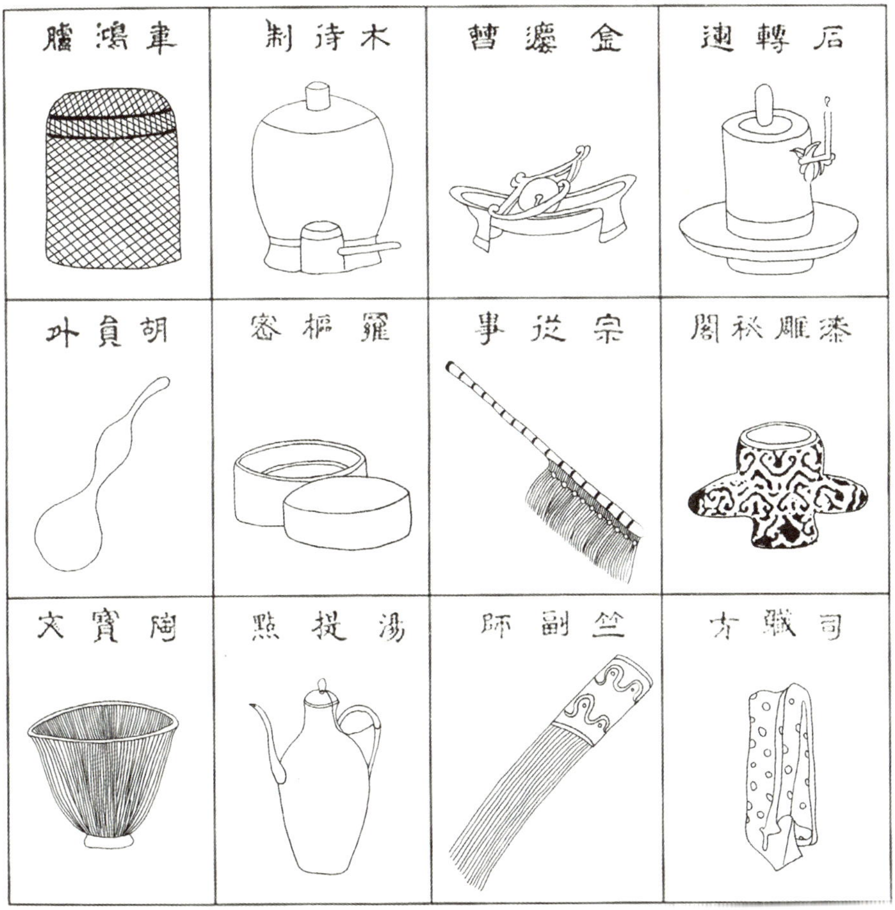

茶具“十二先生”

语言，将宋代点茶所需的十二件茶具，一一赋予贴切的姓氏、名、字、号、官职，称作“十二先生”，并加以赞语，既凸显了该样茶具的特点和用途，又暗含劝官向善、经世安国之意，十分清新脱俗，又风雅生动、妙趣盎然。

名列首位的韦鸿胪，即茶焙笼，“名文鼎，字景旸，号四窗闲叟”。宋代的团茶，在饮用之初，要用火焙之，可令茶叶更加香美。茶焙笼就是将茶饼放置其内，置于火上烘焙的笼具。茶焙笼在唐代多为金银丝所制，宋人更尚风雅，加之民间也普及饮茶，改以竹编，更为亲民。北宋蔡襄《茶论》有言："茶焙，编竹为之，裹以箬叶……纳火其下，去叶尺许，常温温然，所以养茶色、香味也。"

茶焙为竹制，本该以"竹"为姓，但后面有茶筅以"竺"为姓，为免重复，以"韦"为姓。原因有二：其一，古代竹简多用皮绳连结，皮绳谓之"韦编"；其二，茶焙乃编竹围盖之，"围"之谐音亦为"韦"。"鸿胪"原为掌朝庆唱拜贺吊之官，此处取其与"烘笼、烘炉"谐音；"文鼎""景旸"则喻其为向火的茶笼；为便于从茶焙笼中取茶，四周还会设有活动窗口，故又号"四窗闲叟"。

茶焙笼位列"十二先生"之首，大抵是因为点茶时，需先以此烘焙茶叶；另外按"赞语"所言，则认为茶焙可以保护茶叶不被烤焦变味，"不使山谷之英堕于涂炭，子与有力矣"，为佳茗不失芬芳保驾护航，"韦鸿胪"可是出了大力气呢。

"木待制"即茶槌，用以把茶饼敲碎成小块。

"金法曹"即茶碾，用于将小碎块的茶叶再碾得更细一些。

宋建窑乌黑釉兔毫盏

“石转运”即茶磨，可以把茶叶磨得极细，成为“末茶”。

“胡员外”即水瓢、水杓。胡姓，以其为“葫芦”所制，号“贮月仙翁”，大概取意为“水中月”。

“罗枢密”即茶筛，罗筛。用石磨研磨过的“末茶”，还要再用茶筛筛上几次，可以让茶末达到最细的状态，点茶时才容易点出漂亮的茶汤。

“宗从事”即茶刷。经罗筛筛过的茶末十分纤细，用茶刷将其轻轻扫起来收纳到茶盒中。

“漆雕秘阁”即盏托。为免茶盏烫手，用盏托承之，方便易持。“名承之，字易持，号古台老人”。这名和字都是十分直接明白了。

“陶宝文”即茶盏。“名去越，字自厚，号兔园上客”。陶姓，寓意材质；“去越”表示非“越窑”所出；“自厚”是指茶盏壁厚，比较隔热；“兔园上客”便是指茶盏为宋代茶客十分推崇的“建窑兔毫盏”了。

宋代景德镇虽然已经有比较完善的工艺，能够烧出影青瓷，釉色青白，瓷质极薄，近乎半透明，胎体刻花，十分漂亮，可是影青瓷碗并不被宋人推崇。他们更喜欢建窑黑釉，这种茶盏胎体较厚，样式古朴，略显稚拙，很符合宋代茶客“天然去雕饰”的审美取向，加上其耐高温、传热慢，很适合点茶，在白色的茶汤映称之下，相得益彰。

“汤提点”即执壶、汤瓶、热水瓶。“汤”为热水，“提点”本是官名，这里指汤瓶可以“提”起“点”茶。茶瓶用于盛水煮水，宋徽宗在《大观茶论》中对于汤瓶的形制和这样要求的原因做了详尽的说明：“瓶宜金银，大小之制，惟所裁给。注汤利害，独瓶之口嘴而已。嘴之口差大而宛直，则注汤力紧而不散。嘴之末欲圆小而峻削，则用汤有节而不滴沥。盖汤力紧则发速有节而不滴沥，则茶面不破。”也就是说，汤瓶最关键的地方是瓶嘴，要又小又圆，另外壶流也变得曲长，这样才能在注汤时，出水点和力道精准可控。“点茶”的“点”，源自汤瓶壶口细小，水出滴注为点。

宋代贵族推崇金瓶、银瓶，而民间点茶多以铁瓶或陶瓶煮水，这种陶瓶是特制的，能耐高温，宋人称其为“砂瓶”，可以直接在明火上烧烤。点茶对水温的要求十分精准，而汤瓶瓶身不透明，水沸腾到什么程度，完全依靠听声，谓之“候汤”。深谙茶事之道的蔡襄认为，“候汤最难，未熟则末浮，过熟则茶沉”。甚至有人专门写诗对最宜点茶时的水响之声做记录：“砌虫唧唧万蝉催，忽有千车捆载来。听得松风并涧水，急呼缥色绿瓶杯。”虽有诗词辅助，可是要从水沸声中听出“虫鸣”“车行”“松风入涧”等细微的变化，也绝非易事。可见，这确实算是当时茶人最难的功课之一。

“竺副帅”即茶筅，“名善调，字希点，号雪涛公子”。茶筅是点茶时用来击拂茶汤的小竹刷。名与字都比较直接，“雪涛公子”则是因为宋代茶汤以沫饽洁白如雪、绵密不散者为佳。

“司职方”即茶巾。

宋人讲究“格物致知”，《茶具图赞》无疑以一种浪漫趣致的方式诠释了这一点。其赞语中所含的济世利人的为官之道，以及隐逸高雅的劝人向善之意，深具宋代文人风骨——表面洒脱率性、恣意自我，实则有“先天下之忧而忧，后天下之乐而乐”之襟怀天下的高尚情操。

那么，一套完整的宋代点茶方式是怎样的呢？

焙炙茶饼，敲成小块，碾碎后研磨到极细，罗网过筛，收纳到茶盒中。煮

宋代点茶流程

宋 赵佶《文会图》局部：点茶

水候汤。熁（xié）盏，即加热茶盏的意思，可以使茶末更好地悬浮起来。熁盏后将约重一钱七分的茶粉加入到盏中，开始正式点茶。

先加入少量的沸水，将茶粉调成糊状，这一步谓之“调膏”；然后一边加入沸水，一边以茶筅击拂茶汤，打起持久不散的茶沫；然后将茶盏置于漆器盏托或者相同材质的盏托之上，呈敬给客人或者自己饮用。

至此，一套完整的宋代点茶流程结束。

看起来只有寥寥数行字，可是要想行云流水、完美地呈现一盏点茶“作品”，绝非易事。按“大宋第一雅帝”宋徽宗在其所著《大观茶论》中的描述，“七汤点茶法”的理论，点小小一盏茶，便需要注汤、击拂七次，每一次注水的角度、击拂所需要的手法和力道都不尽相同，可谓失之毫厘谬之千里，必须十分精细，直到茶与汤水调和后浓度适宜，乳花汹涌则止。论点茶功夫，宋徽宗可不只会纸上谈兵，他的点茶技法也令人刮目相看。据李邦彦《延福宫曲宴记》所记：“（北宋宣和二年冬）上命近侍取茶具，亲手注汤击拂。少倾，白乳浮盏面，如疏星淡月。顾群臣曰：‘此自布茶’，饮毕，皆顿首谢。”片刻就能击拂出绵密洁白的茶沫，还有疏星淡月的冬日夜空意境之美，宋徽宗果然是不折不扣的茶道高手！

点茶的泡沫有个专门的叫法“沫饽”，按“茶圣”陆羽所著《茶经·五之煮》所述：“沫饽，汤之华也。华之薄者曰沫，厚者曰饽，细轻者曰花。”

在宋代如何判断一盏茶点得好不好呢？主要有两点，其实都和“沫饽”有关：其一，看汤面是否鲜白，沫饽越是洁白，越为佳茗，以纯白为胜，其次依序为青白、灰白、黄白；其二，看沫饽“咬盏”的时间长短，也就是茶汤上乳白色泡沫留存的时间越长，水纹露出时间越晚越佳。

宋代文人雅士之间，还十分流行“斗茶”。何谓斗茶？除了上面所述，考验点茶时沫饽洁白程度，咬盏是否长久之外，还有一种更高难度的比拼方式，便是斗“茶百戏”。

宋 佚名《斗茶图》：宋代民间的斗茶活动

宋 刘松年《斗茶图》：山野之间斗茶切磋也别有雅趣

宋 刘松年《茗园赌市图》局部

据宋人陶谷所著的《茗荈（chuǎn）录》记载："近世有下汤运匕，别施妙诀，使汤纹、水脉成物象者：禽兽虫鱼花草之属，纤巧如画，但须臾即就散灭。此茶之变也，时人谓之茶百戏。"

"茶百戏"又被称为"分茶""水丹青"，是指通过技法在茶汤面上"幻化"出图像和文字。其方式有两种：一种相对比较简单，用茶匕（与后世的茶匙相仿）蘸水点在汤面之上，也就是相当于以茶匕为笔，以茶汤沫饽为纸，在其上作画、写字。

而另一种分茶就厉害了：点茶者一手提壶注汤，通过手法控制水流的力度和角度，另一手持盏，晃动配合。通过这样的操作，汤面上变幻出须臾即散灭的各种图案和文字。这种手法和当今的"咖啡拉花"有异曲同工之处，然而“分茶”无疑更为高阶。《茗荈录》中曾记载了一位叫做福全的出家人，能够注汤幻茶，也就是说，他能够不用茶匕，只通过注水和晃动茶盏，便能在茶面上现出诗句。他每点一盏茶，洁白的沫饽表面上就会“浮出”一句诗，连点四盏，连成一首绝句。这样神乎其技的能耐，难怪会被盛赞为“茶匠通神之艺也”！

这般妙趣横生、意蕴盎然的点茶法，为宋人的茗茶时光增添了很多高雅情致。尤其是汤面上须臾即散的图像，除了缥缈纤柔的意境之美外，更是暗含哲理，有劝诫世人惜时之意——好景如云烟，应该珍惜眼前光阴。

这正是：生成盏里水丹青，巧画工夫学不成。欲笑当时陆鸿渐，煎茶赢得好名声。

二、坐观邸报谈迂叟，闲说滁山忆醉翁

从来“下午茶”与“八卦”之间，便似乎有某种不容忽视的关联，饮茶时光，最宜闲聊。宋人虽然慕尚风雅，可是也挡不住人类与生俱来、熊熊燃烧的八卦之心：朝政时局如何？皇帝近日的新宠为谁？坊间是否又有新奇之事？

虽然没有互联网，但宋人也可以从“报纸”中获知信息。不错，宋代已经有报纸，宋人的下午茶时光，正是与其亲友之间“读报分享”的时刻。那时多数官宦人家，通常都会备有两份报纸，一份“邸报”，一份“小报”。

宋代的官办报纸已经日益完

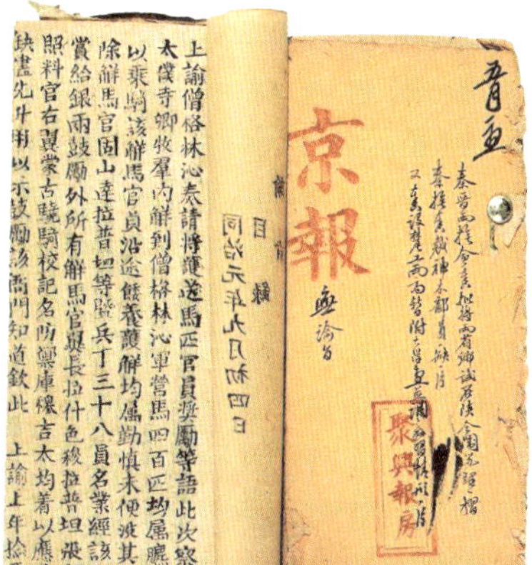

清代邸报

备，官方发行的报纸被称为“邸报”，也叫“邸抄”“朝报”“报状”“边报”或“除目”，由各路州郡派驻都城的进奏官负责编发，主要内容为皇帝的诏书、起居言行，政府的政事施设、法令公报、官员赏罚，重要的奏章疏表，政府机构的工作报告和边防驻军的战报等，相当于官方发言，发报周期则根据不同时期的规定，每日、每五日、每十日或一个月不等。

宋代的朝廷十分重视邸报的管理，从内容的审校、编发，到涉密等级不同的内容，能看到的人员都有严格控制。《宋会要辑稿》中就明确要求：邸报的刊录内容，仅限于“常程申奏及经尚书省已出文字”“其实封文字或事干机密者，不得传报”。邸报在官署中，自然会由长官组织下属进行相应内容的知会、学习，但是邸报中更多的内容，官员通常都会回家与十分密切的亲友或者幕僚揣摩、商议；邸报是宋代各级、各地官员了解时政要事的重要途径，文人士大夫都会密切关注邸报，从中体会观察朝廷动向。

不同的文人看邸报的态度不尽相同。比如北宋著名的思想家、政治家、文学家、改革家王安石，他读邸报时正襟危坐、神色庄重：“赐诏宽言路，登贤壮陛廉。……太平谈可致，天意慎猜嫌。”（《镇南邸报癸未四月作》）而另一位大文豪苏东坡的读报时光则是怡然自得、闲适自在：“坐观邸报谈迂叟，闲说滁山忆醉翁。”（《小饮公瑾舟中》）

在商品经济、政治文化、科学技术都高度发达的宋代，除了官办的邸报，还有一种非官办的报纸在民间悄然兴起，这种报纸有个很可爱的名字，叫做“小报”，通常采用雕版印刷或手抄的形式发行，其实是官方严禁发行的非法出版物，主要在政治文化中心的都城流通——北宋时为汴梁（今开封），南宋时则为临安（今杭州），没有固定的发行周期。

小报的发行者表面上多为一些书肆的主人，实则背后都大有来头，与朝廷的进奏官、各国驻宋都城的使节、政府官员府中的幕僚等关系密切，有时这些政要直接就是小报的幕后主人。小报通过各种灵通的消息渠道获得能够博人眼球的劲爆内容，这些消息收集者也有各自的主攻方向，有各自负责的“消息口”。找宫中内侍打探宫闱秘闻的探子称为“内探”；到朝廷各部打探官员赏罚升黜和官场秘闻的称为“省探”；在各级衙门中打探案件进展和细节的称为“衙探”；而在民间搜集新闻的则称为“消息子”。这些探子各司其职、各擅胜场，把一些原本“不录送门下省”的“朝廷机要事”以及官方尚未发布或者不准备发布的一些皇帝谕旨、官吏任免、边事战况等内容探知得一清二楚。因为有时小报的这类消息比邸报更快，所以小报当时又被称为“新闻”。

和冠冕堂皇、代表统治阶级利益的官方邸报不同，来自民间的小报有时更能反映民心、民意。

北宋末年，吏治混乱，蔡京惑乱君王、结党营私，被列为祸国殃民、危害江山社稷的“六贼”之首。坊间对其民怨极大。有小报为了顺应民意，竟然就假冒了宋徽宗

宋 赵佶《听琴图》

赵佶，以十分严厉的语气发布了一封怒斥蔡京的问责“诏书”，痛骂他：“前宰相蔡京目不明而强视，耳不聪而强听，公行狡诈，行迹谄谀，内外不仁，上下无检，所以起天下之议……今州县有蔡京踪迹尽皆削除，有朋党之辈悉皆贬剥”。（《宋会要辑稿·刑法二》）假诏书说蔡京和他的党羽统统都被铲除干净，虽然并非实情，可这就是民心所向。不过宋徽宗对此非常生气，严令开封府详查小报主事人，法办严惩。

此后，宋朝廷对于小报的禁令愈加严苛，检举揭发看小报者可以获得经济奖励，而制作、传看小报的违令者轻者杖打、流放，重者甚至会被绞死！

到了南宋时，朝廷偏安江南一隅，粉饰太平，邸报上对于北方金兵南下的战事讳莫如深，小报上则会经常刊登北方官兵抗击金兵的战况，让临安民众了解时事的同时，也十分鼓舞人心。

当然，除了这些带有明显政治色彩的内容，有一部分作为娱乐消遣的宋代小报，已经初具今日娱乐八卦刊物的雏形，登载一些风花雪月的名人轶事。不过有时也并非确有其事，而是小报编辑者为了报纸销量，而做“凿空撰造，以无为有，流布近远，疑悟群听”的虚假新闻。

宋人赵升在其编撰的《朝野类要》中也提到过“新闻”：“其有所谓内探、省探、衙探之类，皆私衷小报，率有漏泄之禁，故隐而号之曰新闻。”“新闻”与“报纸”这两个词发生关联，大抵就是从宋代开始的吧。

三、同赏十二星宫图，笑谈星座吉凶事

申时饮茶之际，除了邸报、小报的新闻之外，最适宜佐茶的内容大概就是星座运程之类的轻松话题了。现今的时尚男女热衷聊星座，以为新潮，有谁能想到，宋人早就开始谈论星座之事了呢？不过当时不叫“十二星座”，而称“十二星宫”。

早在数千年前，古巴比伦的天文学家就将黄道（以地球为中心，地球环绕太阳所经过的轨迹称为“黄道”）带平均分成十二份，以黄道十二星座为标志，称为“黄道十二宫”，并记录在泥板书《当天神和恩利勒神》上。这一理论经由古希腊传到天竺（今印度），并在隋代随着佛经传入中国。

大概中国人与“十二”这个数字十分有缘，除了十二地支、十二时辰、十二生肖等，如今又多了十二星宫。

到了宋代时，十二星宫已广为人知。这一点，从相关文物和历史文献记载上都可以得到佐证。如苏州的宋代瑞光寺遗址所发现的《大隋求陀罗尼经咒》（刊刻于北宋景德二年，即1005年），其上绘有一幅环状的十二星宫图，图案十分清晰，与我们今日所见的十二星座形象相差无几，唯有摩羯宫被画成有翅的龙首鱼身模样，与如今常见的羊首鱼身图有所不同。

宋代刻印的《大隋求陀罗尼经咒》十二星宫插图

十二星宫传入中国后，被道教吸收，并与中国传统历法中的十二地支对应起来。据道教经典《道藏》记载：“子名玄枵，又曰宝瓶；亥名娵訾，又曰双鱼；戌名降娄，又曰白羊；酉名大梁，又曰金牛；申名实沉，又曰阴阳；未名鹑首，又曰巨蟹；午名鹑火，又曰狮子；巳名鹑尾，又曰双女；辰名寿星，又曰天秤；卯名大火，又曰天蝎；寅名析木，又曰人马；丑名星纪，又曰磨蝎。”

宋代的文人也常将十二星宫写入自己的著作中。如陈元靓所著《事林广

记》，在天文类中就提到《十二宫分野所属图》，将十二星宫与中国十二州相搭配：“宝瓶配青州，摩羯配扬州，射手配幽州，天蝎配豫州，天秤配兖州，室女配荆州，狮子配洛州，巨蟹配雍州，双子配益州，金牛配冀州，白羊配徐州，双鱼配并州。”傅肱所著《蟹谱》中也提到“十二星宫有巨蟹焉”。

当时市井之中的算命先生，除了看面相、手相，生辰八字，也要精研“十二星宫”，只有这样才能在占卜之时适应人们的需求。甚至两家说亲，也要先看看彼此的星宫是否相合，再细推八字。

不过，对于十二星宫研究最深的宋人，大概要数苏轼。其在《东坡志林·

宋 佚名《星宿图卷》局部

退之平生多得谤誉》中云："退之诗云'我生之辰，月宿南斗。'乃知退之磨蝎为身宫，而仆乃以磨蝎为命，平生多得谤誉，殆是同病也。"也就是说，苏东坡从韩愈的诗中发现，他和自己一样，都是摩羯座。所以，平生谤誉不断，都是因为星座的原因啊！苏轼还有个好朋友叫马梦得，比他小八天，也是摩羯座，苏轼吐槽他是最惨的摩羯座："是岁生者，无富贵人。而仆与梦得为穷之冠。即吾二人而观之，当推梦得为首。"

宋 佚名《丛菊图》

酉

第九章

酉时：今夕家宴会，欢乐难具陈

酉时，下午五点整至晚上七点整。此时为“日入”，又被称为傍晚、日落、日沉，意为太阳落山的时候，通常此时鸡开始归巢。

这时夕阳西下，如是夏日，光线正佳，晚霞漫天，风光无限美好；如是冬日，天色渐暗，则开始需要掌灯了。已经开始“三餐制”的宋人，这时正是晚餐时节，可以宴请三五至交好友，围炉把盏，夜宴清欢。

好友登门，主人家迎来宾客后，平辈男子之间互相行一个“叉手礼”——双手交握胸前，左手握住右手拇指，左手拇指向上，小指朝向右手腕，右手四指伸直；平辈女眷之间则互相敛衽道声“万福”，是为“万福礼”。彼此见礼毕，才入内就座。

一、四司六局

南宋朝廷虽然北有强敌，偏安一隅，但是“东南形胜”“钱塘自古繁华”，日子过得竟也十分安逸，浮夸奢侈之风比北宋时期更盛。尤其临安都城，由于经济发达，生活富庶，旷达的宋人便开始耽于享受，将林升的《题临安邸》略作改动，大概对于当时南宋都城中纸醉金迷的景象可以窥见一斑：“临安城中楼外楼，西湖歌舞未曾休。暖风熏得时人醉，直把杭州作汴州。”

彼时的临安，宫中钟鸣鼎食、盛宴频频；官场迎来送往、觥筹交错；文人士子唱和往来、吟咏雅集；民间更是追慕热闹，生出诸多名目，红白喜事、贺寿拈周、开张乔迁、甚至四时节令……各种因由都可用作宴请由头，举办家宴之风一时盛极。

生活富裕的宋人，不愿意亲自下厨做饭的更是不在少数，“市井经纪之家，往往只于市店旋买饮食，不置家蔬。”（宋·孟元老《东京梦华录》）这般懒散，如果想在家中宴请宾客，可该如何是好？

在商品经济高度发达的宋代，繁华都市之中，一个人就算十指不沾阳春

宋 马远《华灯侍宴图》描绘了南宋君臣在上元节宴饮

宋 赵佶《文会图》局部

水，不懂宴请流程，甚至不会写请柬、不会布置房舍、不会待人接物，依然可以在家中举办一场风光体面的宴会，而且不会太累，也完全不必担心有什么细节不曾考虑到。

这全都要归功于宋代完善、出色的专业社会服务机构：“专任饮食、请客、宴席之事”的四司六局。如果某家要操持宴会，不管吉宴凶席，只需雇佣专门提供筵席服务的“四司六局”的人员来实施，必定事无巨细、面面俱到。按照《梦粱录》等史料记载，四司六局分工如下：

帐设司，专掌仰尘、桌帏、搭席、帘幕、罘罳、屏风、绣额、书画、画帐等。其中“仰尘”也即“承尘”，是设在座位上方承接尘土的小帐。桌帏指的是桌布、台布。罘罳在宋代是指放于室内的屏风，一般用来挡风沙。宋人洪迈所著的《夷坚三志壬·吴仲权郎中》中有言：“明日，索浴治具於房，婢以罘罳围之。吴曰：‘何用？’曰：‘恐为隙风所搏。’”仰尘和屏风如今仍然有人在用，不过宋代的帐设司还有一些非常有意思的餐桌小道具，今日就已经

宋 马和之《孝女经图》：屏风

难寻实物，只能从书籍中探寻踪迹了。比如“插山”，这是一种雕成蓬莱仙山形式的立体菜台，根据不同菜品的颜色、形态，将菜碟参差错落、一层一层地放置其上，再将这座“仙山”放于餐桌中间，视觉效果上佳。还有一种“食屏”，也很精巧可爱，是放在餐桌上的小屏风，约半尺高、一尺长，用来隔分菜碟。宋代已经从之前的分餐制开始改为合餐制，用餐时众人围坐一桌。不过宋代的餐桌虽大，中间却没有能够旋转的大转盘，有时一干文人聚会，不以身份论高低、排座次时，就可以根据食屏的提示，自己选择坐到中意的菜肴近前，便于夹菜。比如餐桌上，这两幅题有诗句“蒌茸蒿笋试春盘”“人间有味是清欢”的食屏之间都是素菜；这两幅绘有“春江水暖鸭先知”“正是河豚欲上时”场景的食屏中间都是水产；或者两幅霜色食屏之间是没放葱韭的菜肴；两幅烟霞色食屏之间是甜品点心。小食屏将菜肴一分区，客人一目了然，就能快速判断了。

茶酒司，官府所用名为“宾客司”，专门负责客人所用的茶汤、斟酒、上

宋 佚名《春宴图》局部

菜、饮酒、行礼等。民间人家则都用“茶酒司”掌管筵席，主要负责帮主人家上书请客，送聘礼合，迎送亲友、奉茶斟酒、传语递物，以及掌管宴会上所用的金银器具等，有时甚至还需兼任宴会的流程主持人，指挥调度何时需要何人上场发言，何时上菜等。茶酒司的人通常性子机敏仔细、活泼可亲，多半都有眼观六路、耳听八方的本事。

厨司，掌筵席生熟看食，打料、批切、烹炮、下食，“调和精细美味羹汤，精巧簇花龙凤劝盘等事”。厨司的工作最好理解，就是后厨工作。

台盘司，掌托盘、打送、赍擎、劝盘、出食、碗碟等。台盘司的工种主要就是负责上菜、撤盘，碗碟清洗等。

以上为四司。

果子局，掌装簇饤盘看果、时新水果、南北京果、海腊肥脯、像生花果、劝酒品件。其中“饤盘”“看果”都是仅供陈设观看的，不能食用；“像生花果”是指高度仿真的盘装花果，也只能看。据宋人陶穀所著《清异录·夺真

宋 佚名《十八学士图》局部

盘饤》记载："显德元年，周祖创造供荐之物。世宗以外姓继统，凡百务从崇厚，灵前看果，雕香为之。"另一位宋人楼钥也在《北行日录》中写道："卓（桌）前设青玉花六朵，看果用金垒子高叠七层，皆梨瓜之属。"

蜜煎局，掌簇饤看盘果套山子，蜜煎像生窠儿，糖蜜花果之类。蜜煎局主要负责甜食。

菜蔬局，掌筵上簇饤看盘菜蔬、异品菜蔬、时新品味、糟藏等。

油烛局，专掌灯火照耀，上烛、剪烛、立台、壁灯、烛笼、装火、簇炭之类。油烛局主要负责筵席上的照明工作。

香药局，掌管龙涎、沈脑、清和、清福异香，香垒、香炉、香球、装香簇烬细灰，效事听候换香，酒后索唤异品醒酒汤药饼儿。其中"沈脑"分别是指沉水香（古代"沈"通"沉"）和龙脑香，这两种香与龙涎香都是十分珍贵难得的香料。而“清和”与“清福”则是和合香，是按照一定的香方将多种香料和合而成的复方香。

宋人十分爱香，略有一些身份和地位的人都是香不离身的，在酒楼中不过喝两杯酒、吃一顿便饭，都要召一个香婆前去行香，宴饮之时氤氲香味自然更不能少。香篆越大，起篆越难，对于行香之人的手法要求就越高。酒楼中的香篆个头较小，大概也就巴掌大小；而宴会之中的香篆可是要越大越气派，香药局中自然有行香高手，能打特别大的香篆，最厉害者甚至可以打车轮那么大的香篆。这在宋代也是一种变相炫富攀比的形式——若张三家小孙子弥月宴（满月酒）时，行香人打了三尺直径的香篆，那李四家儿子拈周宴时便一定要请人打四尺直径的香篆才会觉得更体面。

自古香药同源，很多药方都是香方，宋代的香铺旁边也都挨着药铺，通常还是同一位老板经营。宴饮席上，难免有人醉酒，这时香药局还可以提供醒酒汤、醒酒丸。

排办局，专掌椅桌、交椅、挂画、插花、扫洒、拭抹之事。也就是说，排办局主要负责环境场地布置。为了达到最佳效果，他们甚至还会带去一些名人字画的真迹，张挂在现场，十分为主人家“挣面子”。

以上为六局。

《东京梦华录》中提到“茶酒司”“厨司”“四司人”，但未见“六局”记载，可以猜想大约是分工进一步细化完善的产物。从具体负责的事项来看，四司六局的工种也有重合的部分。他们面向社会提供专业服务，上至官绅，下至黎民，只要付费，都可以临时请到家中代为操持宴会。而当时很多仕宦人家或者豪绅富商，都会直接在家中豢养四司人员，专门只为自己一家所用。

四司六局分工已然很细，但每一司、每一局中，仍然有进一步的分工，甚至可以说是细致到匪夷所思。有一段轶事应该很能说明分工细到何种程度。宋人罗大经在其轶事笔记《鹤林玉露》中讲过这样一件事：有一位士人从京城中买回一名侍妾，据说是蔡京府中包子厨的厨娘。一日，士人让该侍妾做包子，她却说自己无法完成。士人十分惊讶，问其原因。这位女子回答说，自己在包子厨中只负责切葱，其余流程一概不管，也就一概不会了。有后人说这则轶事有夸张的成分，可是据《膳夫录》所记，徽宗朝蔡京家中的厨司，有“厨婢数百人，庖子亦十五人”。想来，这么庞大的厨司队伍，有专门只切葱丝的厨娘也不足为奇。

除了上门在家中操办筵席，四司六局也顺应客人浪漫恣意、别出心裁的需求，提供到“名园异馆、寺观亭台，或湖舫会宾”的会席服务，只要雇主的要求清楚明晰，他们就能因地制宜，“立可办集，皆能如仪”。

四司六局如此专业娴熟，官府的春宴、乡会、鹿鸣宴，文武官试中设同年宴等公家宴会，也都会找他们来排布宴会，“差拨四司六局人员督责，各有所掌，无至苟简”。

宋人最讲格调，所以在宋代，尽管每次宴会都少不了香、茶、画、花这样的风雅之事，但是如果主人家真的不会或者做得不好，也不要紧，因为按照当时俗谚所说：“烧香点茶、挂画插花，四般闲事，不宜累家。”这么专业的事务，若不是真心喜欢，也没有那般闲情逸致，就不必习练，让四司六局的专业人士去做吧。按《梦粱录》中所说：“若有失节者，是祗役人不精故耳。”所以啊，如果风雅之事有失误之处，那就是这些人不够专业，主人家可不丢脸。

二、了不起的宋代厨娘

如果不是大型的宴请，只是三五好友在家中日常小聚，也可以不用四司六局这样大的阵仗，只请一两名厨艺高超之人上门即可。

宋代以前，厨师多为男子，自宋而始，方有“厨娘”一词。也就是说，专业的女性厨师从宋代才正式登上历史舞台。不过宋代的厨娘身价不菲，可绝对不是寻常人家能够延请得起的。

据洪巽《说郛·旸谷漫录》所载，有位太守调任外地之时，想起一次曾在某个同僚处品尝特别美味可口的饭菜，据说那天的大厨是来自京都的厨娘。正

宋代展现备宴场景的砖雕

好有人进京办事，便请他帮忙寻访一名京都厨娘。大约这位太守真的是美食爱好者，甚至还跟朋友说：只要厨艺好，价钱不是问题。

在太守“价不屑较”的喊话下，朋友果然帮他寻到了一名很不错的厨娘，“其人年可二十余，近回自府地，有容艺，能算能书，旦夕遣以诣直。”没过多久，厨娘如约而至。不过在离太守府邸五里地时停止不行，只派了脚夫前来送信。信是厨娘亲笔所写，信中言道：“很荣幸即将为太守大人服务，请您一定派轿子前往迎接，才有体面。”书信中的字迹娟秀漂亮，用词遣句也非常雅致、恳切，一看就不是普通女子所能及。太守看了忍不住展颜而笑，果然派了轿子前去迎接。厨娘到了府中，太守一看，见她容貌端庄、举止娴雅，打扮大方得体、气度非凡，大喜过望。

为了考校一下厨娘的厨艺，太守列了个菜单，让她先准备“五杯五分”的日常饮食，其中有“羊头签”和“葱虀”算是两个重头菜，至于菜单里其他的菜都比较平常。

河南省偃师县酒流沟宋墓厨娘砖刻拓片

厨娘也很干脆，立刻取出笔墨写下物料采买清单：五份“羊头签”，要用十个羊头；葱虀五碟，要用五斤葱。其他的物品还有不少，不必细说。

太守觉得厨娘买得太多，但也不好意思质疑，免得一开始就让人觉得小气抠门，便让下人先按她的要求采办完毕，看她如何用这么多的食材。

第二日，厨师告知物料备齐。厨娘于是就打开她带来的厨具箱，取出锅勺瓢盆等一大堆炊具，让小丫鬟捧着，大家一看，那些炊具璀璨耀目、光彩照人，竟然都是纯银所制，“大约正该五七十两”。至于菜刀、砧板等其他用具，也都十分精致，旁观众人忍不住“啧啧”赞叹。

厨娘系上围裙，用银链子做攀膊（攀膊是一种便于把袖子高高挽起固定的条索状工具），一切准备好了，才缓缓而起，切菜片肉，煎炒烹煮，十分娴熟，颇有《庄子》中大匠运斤成风的气势。

看她料理羊头，只把羊脸肉剔下留用，剩下的部分就直接扔到地上不要。众人问她为何如此。厨娘说：“除了羊脸肉，其他的部分都不是贵人能吃的。”众人觉得扔掉的部分太可惜，捡起来放到一旁。厨娘竟然冷冷嘲笑道：“若辈真狗子也。”

至于她做葱虀，把葱用沸水微微焯烫，葱叶全都去掉，只留葱白，又根据碟子的尺寸来裁截所用长度，再把外面的葱白剥掉很多层，只保留最里面如韭黄一般的葱心，用淡酒香醋微微浸泡，其余的都扔掉，一点也不觉得可惜。

虽然烹调手笔如此奢侈，但这位厨娘做出的菜肴确实美味，“馨香脆美，济楚细腻，难以尽其形容。”好吃到令那些最擅言辞的文人都无法用语言来描述，实在算是人间至味了。

酒席之后，厨娘见众人将菜肴吃了个精光，遂整理好仪容，对太守行礼后，不卑不亢地说道：“今日试厨，所幸菜品还合大人的口味，循例您应该打赏。”她将之前在别处所得的赏赐清单递给太守。太守一看，按照惯例，每次宴会的赏赐都是数匹绢；而阖家聚会的赏赐，有的甚至达到二三百贯之多！要知道，宋代宰相一个月的标准俸禄也不过是三四百贯钱。太守虽然觉得颇为肉疼，可为了面子还是勉强按旧例给了厨娘赏赐，但在背地里忍不住暗暗感叹道：“吾辈事力单薄，此等筵宴，不宜常举；此等厨娘，不宜常用。”没过多久，太守寻了个由头，将这位“通身气派、富贵逼人”的厨娘打发走了。

说到这里，忍不住感慨一下宋代特殊的“重女轻男”现象：在宋代，女子还是有较大的自由度，可以作为职场女性出外工作，甚至获得一定程度的尊重，收入不菲。这与宋代都城中百姓的眼界和意识也有很大关系——据《说郛·旸谷漫录》所载：“京都中下之户，不重生男，每生女则爱护如捧璧擎珠。”也就是在宋代的都城之中，家境中下的家庭不但没有重男轻女的观念，甚至生了女儿还极其欣喜，如获明珠美玉。当然，他们的喜悦之情和唐代“不重生男重生女”的出发点并不相同：唐人是因为杨贵妃获宠，老百姓都希望凭借女儿嫁入豪门，从而让整个家族鸡犬升天；而宋人则是觉得，女儿可以找个好工作养活自己，甚至帮衬家中。宋代社会对于女性而言，是相对宽容的，她们的社会参与度比较高，有很多适合她们的工作可以选择。所以，“甫长成，则随其姿质教以艺业”。女儿稍大一点儿，父母就会根据孩子自身的资质，教导她相关的才艺、技能，以便将来可以有一份体面的工作和不错的收入。

当时可供女子从事的工作很多，“有所谓身边人、本事人、供过人、针线人、堂前人、剧杂人、拆洗人、琴童、棋童、厨娘，等级截乎不紊”。前面文中提到的厨娘，是女性工种中最下等的职业，可就算如此，也是“然非极富贵家不可用”。

除了提供家庭烹饪服务，宋代的厨娘也多有自立门户者，甚至以自身名姓称呼作为招牌，比如“曹婆肉饼”“王妈妈茶肆”“王小姑酒店”，还有曾给宋高宗送过外卖的“李婆婆杂菜羹”等；其中最著名的便是“宋五嫂鱼羹”，因为宋高宗赞赏过她的鱼羹，获得“十枚金钱、百枚银钱、十匹锦绢”的厚赐不说，时至今日，以她名字命名的这道鱼羹仍为杭州城中一道著名的菜式。

南宋还有一位特别厉害的吴姓厨娘，她不但厨艺高超，还撰写了一部烹饪著作流传至今，这部《浦江吴氏中馈录》中记录了数十种宋代菜式的制法，是研究我国烹饪历史的一部重要典籍。

宋 佚名《女孝经图》局部

三、暇日宾月集，投壶雅戏同

明 铜双耳投壶

宋代文人，深慕古礼，每逢宴饮，主人家必设投壶之戏，以娱宾客。《礼记・投壶》曰："投壶者，主人与客燕饮讲论才艺之礼也。"

寻根究底，投壶的源头颇深：早在周朝时期，对于贵族子弟的学习，就要求其掌握六种基本才能，也即"君子六艺"。据《周礼・保氏》所载："养国子以道，乃教之六艺：一曰五礼，二曰六乐，三曰五射，四曰五御，五曰六书，六曰九数。"

其中"射"指的是"射箭"。在古人眼中，"射箭"除了是战场之上的杀敌本事，围狩时的射猎技能，还有更深远的意义："射者，仁之道也。射求正诸己，己正而后发，发而不中则不怨胜己者，反求诸己而已矣。"《礼记・射义》说的就是射箭乃是仁者之道，君子射箭的时候要先端正己身再放箭，如果没有射中也不埋怨胜过自己的人，而是要反过来检视自身的不足之处。由此看来，在古人眼中，"射箭"是一种修身养性的体育运动，可以展现礼仪和品格，因此将之作为君子养成的必修功课。

或者这正如孔子所说："君子无所争，必也射乎，揖让而升，下而饮，其争也君子。"（《论语・八佾》）说的就是对于"无所争"的谦谦君子而言，纵然以"射"为比赛，也是不失风度的"君子之争"。

投壶便是脱胎于这"射"礼，与其有着莫大渊源。

冯超然《投壶图》：仕女也爱投壶

春秋战国时期，贵族宴请宾客时，开席前的一项重要礼仪便是请来宾射箭。当时的贵族子弟中，成年男子如果不会射箭，或者射得不好，是会被嘲笑的。但是确实有人天生力气不足，射得太差，难免扫兴；加之射箭对于场地大小的要求也比较高，渐渐地需要更多力量和技巧的射箭之礼便演变成了轻巧容易很多的投壶之礼，属吉礼。

《左传》中就曾记载：晋昭公十二年春，晋昭公和齐景公在大宴中行投壶之举，甚至还想以投壶的胜负来定霸主之位。可见，在当时，投壶并非普通游戏，而是宴会中的正式礼仪。

作为记录我国古代重要的礼仪典章制度的典籍，《礼记》和《大戴礼记》中，都有专门的《投壶》篇详细地讲述如何进行投壶之礼。

“投壶之礼，主人奉矢，司射奉中，使人执壶。

主人请曰：‘某有枉矢哨壶，请以乐宾。’宾曰：‘子有旨酒嘉肴，某既赐矣，又重以乐，敢辞。’主人曰：‘枉矢哨壶，不足辞也，敢固以请。’宾

曰：‘某既赐矣，又重以乐，敢固辞。’主人曰：‘枉矢哨壶，不足辞也，敢固以请。’宾曰：‘某固辞不得命，敢不敬从？’

宾再拜受，主人般还，曰：‘辟。’主人阼阶上拜送，宾盘还，曰：‘辟。’已拜，受矢，进即两楹间，退反位，揖宾就筵。”

这段文言翻译成白话也十分有意思：

投壶的礼仪，是由主人捧着箭矢，“司射（类似裁判）”捧着“中”（类似计分牌），让从人拿着投壶。

主人家自然是拿出了上好的投壶器具，但仍是要十分客气地将自己的器物贬低一番，才能体现中国人自来引以为傲的谦逊美德。主人向客人提议道：“我准备了不直的箭矢和歪口的投壶，想让尊贵的客人活动活动筋骨，开心一下。”此为“一请”。

来宾也十分客气，说：“您已经备下了上好的美酒佳肴，这些我都觍颜受下，没想到您还准备投壶这样郑重的活动，我实在是愧不敢当啊。”此为“一辞”，也叫“一让”。

主人家听客人这么一说，赶紧说：“哎呀，不过是不直的箭和歪嘴的壶，算得了什么呢？您可千万别客气啊！”此为“二请”。

客人再次推辞，说：“您看，您准备的筵席如此丰盛，佳

清 包栋《仕女图》

看满桌，美酒甘醇，这般盛情，我已经觉得非常不好意思了。您还准备投壶这样隆重的活动，我真的愧不敢当啊！”此为“二让”。

主人家第三次诚意相邀：“贵客啊，我准备的都是不直的箭矢和歪嘴的投壶，真的算不得什么隆重，请您一定赏光来投上几支箭，活动一下吧？”此为“三请”。

中国人自来讲究“事不过三”，主人家已经毕恭毕敬地邀请三次，诚意十足，客人这次就回答道：“哎呀，主人家您如此盛情，我都已经坚决地推辞了两次，您还是执意相邀。您这般盛意拳拳，我若是再不应允，未免显得过于倨傲了。那么，我就恭敬不如从命了。和您一起投壶吧！”

于是嘉宾就在西面的阶上向主人行了两拜，主人赶紧转身，避过这两拜，口中说道：“不敢当。”然后主人家在东阶上向宾客行礼，宾客也赶紧转身不受此礼，口中也说：“不敢当。”

然后宾主相拜，接过箭矢，慢慢倒退回到自己的座位上，主人向宾客拱手为礼，请客人入座。等司射放置好投壶，向双方说明规则，还需演奏投壶专用乐曲——《狸首》之后，才能正式开始投壶。

宾主双方在离壶两箭半的距离处分别站定，主人家站左边，宾客站右边。投壶的时候，宾主一人一支箭矢交替进行，如果有人连投两次即使投中也不得分，投中一箭计一分，计分的工具谓之“算”（通常为竹筹）；每人各投四支箭矢为一局。一局结束，统计“算”数，胜者为输者斟酒。输者跪坐起，执酒杯示意说：“承蒙赐欢”；胜者也跪坐起，客气回复：“请敬养贵体。”若是双方“算”数一致即平手，不必饮酒。通常三局而止，满座皆为胜者庆贺，谓之“庆礼”。

如此烦琐严谨的一套投壶程序，士大夫不仅不嫌啰嗦，反而觉得非如此周详缜密，不足以体现他们高尚知礼，所以上流社会人人都会投壶，宴席遇此也甘之若饴。故而秦汉时期，王公贵族、文人士子，每逢盛大宴饮，觥筹交错之间，必定要以“雅歌”“投壶”助兴。东汉大将祭遵“取士皆用儒术，对酒娱乐，必雅歌投壶。”（《东观汉记》）

投壶所用的箭矢，无镞，也就是没有锋利的箭头。最初的投壶会在壶内装

清 佘集 《投壶图》局部

一些小豆，使得投入其中的箭矢不会弹出来。后来汉代起不再在壶中装入豆子，人们有了新玩法——如果掷出箭矢的力道准确，箭矢触壶底后会弹出，可以抓住箭杆再投。据《西京杂记》记载，有一名叫郭舍人的投壶高手，“则激矢令还。一矢百馀反，谓之为骁”。也就是说这样投壶技法高强者，可以不停地将一支箭反复投上百余次。

魏晋时改良了投壶，在壶口两旁增添两耳，添了不少玩法，让投壶的乐趣更甚。

到了宋代，投壶已不再是开宴设席时的隆重礼仪，而是渐渐转变为文人士大夫饮宴游玩时，颇为盛行的一种高雅游戏。

彭旸《齐君投壶雅集图》

欧阳修的《醉翁亭记》中就曾提到欢宴时投壶的情形：“宴酣之乐，非丝非竹，射者中，弈者胜，觥筹交错，起坐而喧哗者，众宾欢也。”其中的“射”，便是指“投壶”。看得出来，彼时那群文人已然酒至半酣，大家情绪都很高昂，语声喧哗吵嚷，实在不算特别高雅端庄的场面。

北宋著名的政治家、史学家、大儒学家司马光对于当时人们这种有悖古礼，将十分稳重高雅的投壶礼仪改为游戏的做法极为不满。

毕竟在司马光看来：“投壶可以治心，可以修身，可以为国，可以观人。”（《投壶新格》）他认为投壶是修身养性，秉承中正之道的重要运动，“夫投壶者不使之过，亦不使之不及，所以为中也。不使之偏波流散，所以为正也。中正，道之根底也”。为此，他不惜殚精竭虑，根据封建礼教的行为准则出发，对投壶的计分规则和得分名称进行了修改和规范。

司马光在其编撰的《投壶新格》中，规定了几种投壶的得分方式。

首支箭矢即入壶者，称为“有初”。大概是取“靡不有初，鲜克有终”的深意，希望劝诫、警示人们凡事应不忘初心，戒骄戒躁，砥砺前行，最后方得善始善终。本着万事开头难的原则，“有初”可以计十分。

两支箭连续入壶者，谓之“连中”，可得五分；投箭矢入两侧壶耳者，谓之“贯耳”，因为壶耳较小不好投入，可计十分。倘若第一支箭矢未入壶，第二支箭矢开始投入壶者，都叫做“散箭”，每支散箭计一分；投入壶中的箭矢箭反弹出来，接着又投入中者，是为“骁箭”；箭矢浅入壶身，而箭杆斜倚在壶口上，谓之“倚竿”；如有投壶高手，每一支箭矢都投中者，则为“全壶”。

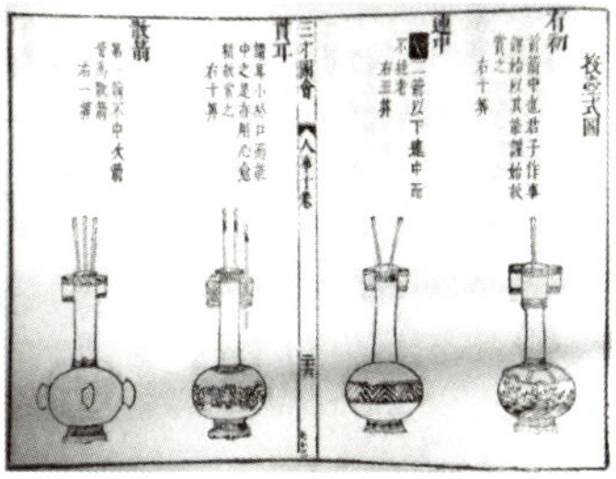

若是前面数箭都不曾中，只有最后一支箭矢投入壶中者，谓之“有终”。与前面所述首箭投中的“有初”呼应，大约是激励人们，只要不忘初心，坚持不懈，终能成功。

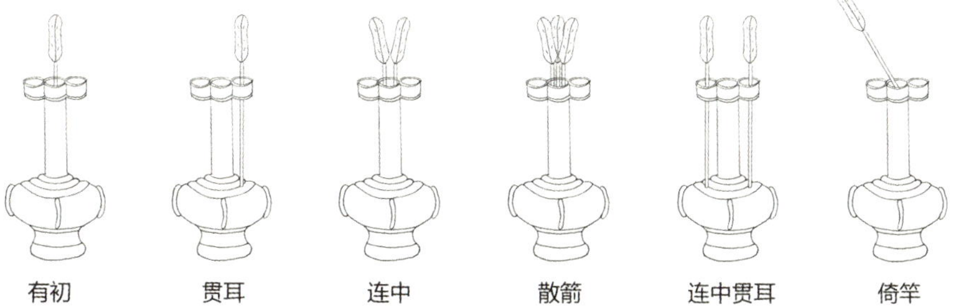

投壶计分图

儒学家司马光期望凭一己之力“拨乱反正”，让投壶不再是游戏，而是重为古时那般郑重的盛宴礼仪。愿望虽然美好，可惜洒脱率性的宋人多半对此都不加理会。他们热衷投壶，却不肯被烦琐的程序束缚；虽然宋人投壶仍然多半是在宴饮时进行，但已然没有那么多繁文缛节的条框，只是比较单纯的筵席之间玩耍的游戏罢了。

四、赏心乐事剩安排，酒令诗筹华胥梦

风雅又富有生活情趣的宋人，在宴席之上的酒令可是不胜枚举，吟诗赋词那是必不可少的文化项目，而能小小活动筋骨的酒令，除了投壶这样传统的游戏，宋人在宴饮之时，还经常会玩一种叫做“九射格”的游戏。这是“唐宋八大家”之一，北宋著名的政治家、文学家欧阳修原创的一种行令酒具。据宋人赵与时《宾退录》卷四：“本朝欧阳文忠公，作九射格，独不别胜负，饮酒者皆出于适。然其说九射之格，其物九为一大侯，而寓以八侯，熊当中，虎居上，鹿居下，雕、雉、猿居右，雁、兔、鱼居左。而物各有筹，射中其物，则视筹所在而饮之。”

九射格也是一种投掷游戏。在作为标靶的大圆盘（也有说是九宫格）上面绘上九种动物——熊居中，虎在上，鹿在下，金雕、野鸡、猿猴在右列，大雁、野兔、鱼在左列，从上到下依序排列；另外在九支“筹”（竹签）上分别刻下这九种动物的名称，放在竹筹筒中，游戏者摇动筹筒，抽出一支筹，根据上面所写的动物来投掷相应的动物，比如抽到“雕”字样的竹筹，便以小飞镖投九射格上的“金雕”图像，如抽到“猿”字竹筹则以小飞镖投掷“猿猴”图像。若是有人抽到“熊”字竹筹，又正好命中靶心的“熊”图案，则满座宾客都要满饮一杯。

酷爱杯中之物、又天性风雅爱玩的宋人，在宴饮之间自然是有不少文雅的饮酒行令的方式。其中最简单的一种，就是在若干“筹”上写上特定的话语，

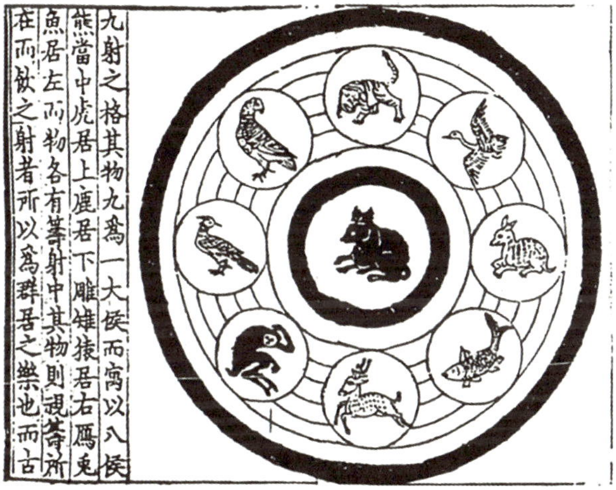

宋代九射格

由行令官来抽取，符合的人需要饮酒。如写“江州司马青衫湿，着青色衣裳者皆饮一盏”，那么席上穿青色衣服者，不论宾主都需饮酒一杯；或筹上写“举杯邀明月，对影成三人。持筹者饮三盏，名讳中有‘明’或‘月’字者，陪饮一盏”。那除了抽签者本人饮三盏酒，席上名字中有“明”或“月”字者，不论宾主，皆需陪饮一盏。

当然也有在竹筹上写上谜语，抽中者如猜不出来也要罚酒。

宋人酒席上也划拳，不过文人总是很少如民间一般吆五喝六，觉得脸红颈粗地大喊“六六六，五魁首”之类的词句不甚雅致。他们创出一种“五行拳”：以一对一的方式进行，无须大声呐喊，双方同时伸出一只手指，便可定胜负。五指分别对应五行，拇指为金，食指为水，中指为木，无名指为火，小指为土。顺位相生，隔位相克，即金克木、水克火、木克土、火克金、土克水，输者饮酒，平则皆不饮。如甲伸拇指，乙伸无名指，则乙胜甲输，甲“当浮一大白”（罚喝一大杯酒）。

五、挂画：吟咏挥毫醉醒中，画图犹喜见文雄

文人聚会，古称“雅集”。中国历史最负盛名的雅集有二，其一为东晋的“兰亭集”，因王羲之的《兰亭集序》而名闻天下；其二则是北宋汴京的“西园雅集”，因当时参会人员皆为当时顶尖儿的名士大儒，而成为宋代文坛的一大盛事，传唱后世，千古不朽。据不完全统计，历代著录的《西园雅集图》画作竟多达四十余幅，其影响力之高远，恐怕无出其右者。

文人聚会，酒酣食足之余，总需有点文化活动，方不负文士本色。宋人雅聚，尤爱“挂画”一事。想来也是，能位列备受时人推崇的“四般闲事”之一，当时的文人士大夫对这项事务的青睐程度，可见一斑。毕竟这些文士几乎都酷爱收藏历朝历代的名家字画。比如：著名的书法家米芾，凡是“遇古器物、书画则极力求取，必得乃已”；还有“西园雅集”的发起人驸马都尉王诜，酷爱“藏古今法书名画，常以古人所画山水置于几案、屋壁间，以为胜玩”（宋·佚名《宣和画谱》），甚至专门在家中设“宝绘楼”放置藏品。收藏了诸多名帖字画，“独乐乐，不如众乐乐”，与懂得鉴赏的文友一起观赏品评、赋诗吟咏，实在是宋代文人的一大赏心乐事，此谓之“挂画”。

“挂画”最早是指在茶会时，挂于坐席旁与茶相关的画作，到了宋代，挂画的内容从“茶画”拓展到诗、词、字、画。宋人所谓“挂画”，绝对不是简单地将画作挂于墙上即可，内中有诸多的学问和门道。

宋人赵希鹄所著《洞天清录·古画辨》中，就细细解说了一番挂画的讲究。首先，须“择画之名笔，一室止可三四轴，观玩三五日，别易名笔，则诸轴皆见风日，决不蒸湿，又轮次挂之，则不惹尘埃。时易一二家，则看之不厌”。宋代文士挂画，定然要选名家手笔，装裱成画轴，哪怕家藏再丰富，也断不会满壁密密挂上，一间房舍中，至多只挂三四幅画轴。而这三四轴画卷，挂上三五日，又会更换。如此一举三得：一则家中所藏的画卷，都得到轮番展挂，不会受潮粘连；二则不会让画作沾染尘埃；三则是时时更换，常看常新，不会生厌。

至于收纳之时，也是万分小心："然须得谨愿子弟，或使令一人细意舒卷出纳之。日用马尾或丝拂轻拂画面，切不可用棕拂。"（宋·赵希鹄《洞天清录·古画辨》）棕拂纤维较硬，恐伤画作；马尾或者丝拂质地柔软，以此轻柔清理画作上的些微浮尘，可以最大限度地保护画作。

至于窗户，必须糊上防风的油纸，门帘也要时刻垂下，以免风沙扑了画卷。为了防止人们行走嬉闹间撞碰画作，每幅画之前，还要安设一个小条案来保护它。"案上勿设障画之物，止宜香炉、琴、砚"。（宋·赵希鹄《洞天清录·古画辨》）

"挂画"雅事，与焚香、点茶还有所不同，后两者几乎不受季节、场地限制，挂画却非四季皆宜。"极暑则屋中必蒸热，不易挂壁"。（宋·赵希鹄《洞天清录·古画辨》）古时没有空调，所以暑热炎夏是不会把字画挂出；天气特别寒冷时，若要挂画欣赏，室内还得点着小炉子取暖，"令如二月天气候"，才可"挂之不妨"；不过一到夜间，就要立刻把画作收入匣中，恐其冻损。

宋 刘松年《十八学士图·观画》局部

要是房中挂画，所焚香料也要严格筛选："室中切不可焚沉香、降真、脑子有油多烟之香，比宜蓬莱、甲、笺耳。"其实

宋 佚名《闲居图》局部

以今人对于沉香的界定来说，宋人所指的“沉香”“蓬莱”“笺（香）”都是沉香。不过古人分得更细致一些，唯有结香密实、含油量高，能够入水即沉的才称为“沉香”，也叫“沉水香”；“蓬莱香”并非出自山东，而是主要产自海南的片状沉香；“笺香”又叫“栈香”，结香不如沉水香密实，含油量略低一点，其密度在水中处于悬浮状态。“降真香”又被称为紫藤香、鸡骨香，是豆科亚种蝶形花科檀属的一种藤本木质植物，受伤后分泌油脂修复伤口而结的香料，主要产自中国海南地区和缅甸。“脑子”是指龙脑香。沉水香、降真香之类的香料，虽然香气浓郁迷人，但焚烧时，因其含油量较大，会产生较重的烟气，宋人爱惜名家作品，断不肯让油烟污损画卷。所以挂画之室，若要焚香，只选蓬莱香或者笺香这样含油量略少一些的香品，这样味道清淡，能更好地保护画卷。

如此小心呵护，可见宋代的士大夫，不但爱画、懂画，也十分惜画，对于自家所藏字画，无不视作珍宝，十分谨慎上心，甚至不肯假手他人。宋人郭若虚所著《图画见闻志》中就曾记载一位名叫刘彦齐的将军，“其所藏名迹，不啻千卷。每署伏晒曝，一一亲自卷舒，终日不倦”。

除家藏挂画以外，宋代的茶坊酒肆中，为了延揽客人，也会千方百计求来名家的书画张挂在店内，有不少附庸风雅或者真心爱画之人，会专门为了观赏壁上挂画而特意前往。由此可见，“挂画”还成了食店中极为有效的促销手段。据吴自牧《梦粱录》载：“汴京熟食店，张挂名画，所以勾引观者，留连食客。今杭城茶肆亦如之，插四时花，挂名人画，装点店面。”耐得翁《都城纪胜》中也说：“大茶坊张挂名人书画，在京师只熟食店挂画，所以消遣久待也。今茶坊皆然。”

“挂画”虽深得宋人青睐，不过名家字画，普通人家难遇其一，每逢宴饮时，如想让“蓬荜生辉”，可求助于四司六局中的“帐设司”或者“排办局”，他们自会在壁间替主人家临时挂上名人佳作，提升宴会的文化艺术格调。

六、谁研金石学，博古求通今

除了“挂画”，文人在家中雅聚之时，还喜爱“博古”。

“博古”一词，为宋人所创，字面上是“博览、鉴赏、收藏古董”之意，可是以宋人风雅爱文的习性而言，这字面之后的意思，应该是也藏了“博古通今”的含义。

很多收藏家都认为，中国古代第一次收藏热潮就发生在宋代。民间有句俗语云：“乱世买黄金，盛世藏古董。”在宋代经济、文化、艺术如此高度发展的鼎盛时期，“收藏热”的兴起确实是情理之中，也是符合社会发展规律的，加上徽宗时期，皇室“尚古器”，众人为博“官家”宋徽宗一笑，竞相争献所藏文物，“而好事者复争寻求，不较重价，一器有直（值）千缗者。利之所趋，人竞搜剔山泽，发掘冢墓，无所不至。”（宋·叶梦得《避暑录话》）。

当时的人们为了得到一件珍品古董，花费重金、跋山涉水自不在话下，甚至不惜去盗墓，可谓无所不用其极了。

宋人爱“博古”，金石学成为一门专门的学科，也是源于宋人对博古的热爱和对学术的钻研精神，王国维先生对此也是高度认可：“宋人治此学（金石学），其于搜集、著录、考订、应用各面，无不用力。不百年间，遂成一种之学问。”（王国维《宋代之金石学》）中国现代的考古学其实也是滥觞于此。

从北宋仁宗以后，因为国家内部相对安定，当时社会哲学、科学、史学、美术都有很大进步，而且宋代的文人士大夫是极有素养的，学术能力和鉴赏力水准极高，怀有以“博古”而“通今”的探究思想，所以两宋时期的文人士大夫中涌现了一批收藏家，如苏轼、欧阳修、赵明诚、王诜、米芾、洪迈、吕大临、李公麟等，这些声名显赫的文坛巨匠都痴迷于博古，通过古董字画的收藏追寻其中的学术趣味和历史格调。

如欧阳修“喜集往古石刻”（宋·蔡绦《铁围山丛谈》）；王诜“藏古

宋 李公麟《西园雅集图》局部

宋 刘松年《博古图》局部

今法书名画，常以古人所画山水置于几案屋壁间，以为胜玩”（宋·佚名《宣和画谱》）；米芾则是凡“遇古器物、书画则极力求取，必得乃已”（元·脱脱等《宋史》）；洪迈“家蓄古彝器百种”（宋·洪迈《容斋随笔》）；李公麟“平日博求钟鼎古器，圭璧宝玩，森然满家”（ 宋·邓椿《画继》）……

李清照的夫君赵明诚是著名的金石学家，他不但爱好收藏，而且知识渊博，深研其中的文化内涵，其所著《金石录》共三十卷，是继欧阳修的《集古录》之后，规模更大、更有价值的研究金石之学的专著，收录了将近两千件宋

宋末元初 钱选《鉴古图》局部

代以前的金石器物、碑刻。赵明诚与李清照伉俪情深、志趣相投："便有穷尽天下古文奇字之志，传写未见书，买名人书画，古奇器。"（宋·洪迈《容斋随笔》）新婚后两人虽囊中羞涩，但宁可"质衣取半千钱"（宋·李清照《〈金石录〉后序》），也要一同去汴梁大相国寺集市淘买金石字画，回家共同展玩、探讨。经年累月，两人藏品颇丰，以致南下逃难时竟然带了十五车金石古籍、书画古玩！

当然，财力最雄厚、藏品最丰厚的收藏家，自然非宋徽宗莫属了。据蔡绦《铁围山丛谈》所载，大观初年，内廷"凡所藏者，为大小礼器，则已五百有几"；到了宣和年间，藏品数量翻了数十倍，更是惊人至极，"则咸蒙贮录，且累至万余”（宋·蔡绦《铁围山丛谈》）！要知道，能入宋徽宗法眼的，必定不是一般古董，“若岐阳宣王之石鼓，西蜀文翁礼殿之绘像，凡所知名，罔间巨细远近，悉索入九禁”（宋·蔡绦《铁围山丛谈》），所以其藏品的数量和质量都相当非凡。“宣和殿后，又创立保和殿者，左右有稽古、博古、尚古等诸阁，咸以古玉印玺、诸鼎彝、法书图画咸在。”虽说“普天之下莫非王土”（宋·蔡绦《铁围山丛谈》），但如宋徽宗这般，为古董珍玩专门开殿设阁、收藏展示之举，前所未有。这若放在今日，俨然便是一个水准极高的大型精品博物馆。

为了让收藏者更加直观、准确地了解文物古玩，宋代的金石学家采用了图文并茂的方式来撰写著作，除了古玩的年代、尺寸、重量、出土之地等文字说明外，还配上古玩的形制插图或者拓片，此即“博古图”，也被称为“考古图”。如北宋时期官修的《皇佑三馆古器图》、金石学家刘敞的《先秦古器

宋 赵昌《南唐文会图》局部

图》、吕大临的《考古图》、王楚的《博古图》、李公麟的《考古图》。

举凡宋代的风雅、有趣之事，宋徽宗都一定不会落下，这位“诸事皆能，独不能为君”的皇帝还特意颁诏下旨，令人编纂《宣和博古图》，这部金石学著作收录了宋徽宗在宣和殿收藏的历代精品青铜器，共计八百三十九件，编纂者将器物分为鼎、尊、彝、瓶、杂器等二十余类，每种器物都按从商代到唐代的顺序编排，每类器物都有总说，每件器物除了详细记录其尺寸、重量、容量之外，一部分还附上了出土地点、考证等资料；最难能可贵的是，每件器物都配有精细的摹绘图、铭文拓本和释文，是研究中国古代青铜器历史的重要文献。这部著作后来流传到民间，被多次重修、再版，后来到了明代还被制成小开本，“使人易藏，虽寒生俭士，皆得一见商周重器，大有裨于鉴藏家”（明·胡应麟《甲乙剩言》）。

宋人对于“博古”的热衷，还给予了当时绘画艺术家很多的创作灵感，如张训礼《围炉博古图》、钱选《鉴古图》、刘松年《博古图》和《围炉博古图》等，都生动传神地描摹出了当时文人士大夫雅集时围炉煮茶、鉴赏古物字画的风雅场景。

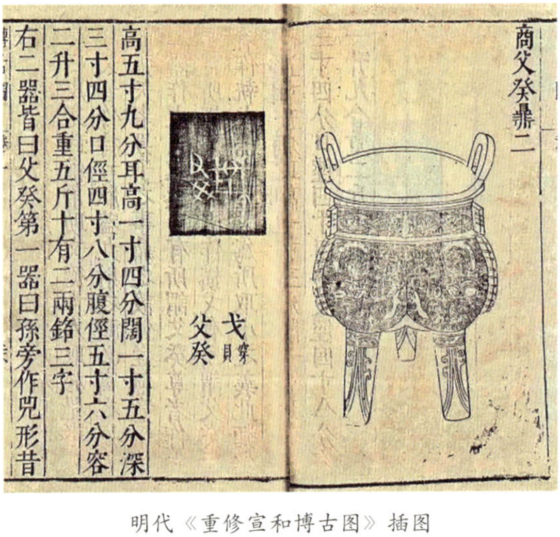

明代《重修宣和博古图》插图

戌

第十章

戌时：

月上柳梢头，

人约黄昏后

清院本《清明上河图》局部：热闹的街市

戌时，晚上七点整至九点整。此时太阳已经落山，落日余晖将尽，天色将黑未黑，天地一片昏黄，万物朦胧，所以被称为“黄昏”，又被称为“日夕”“日暮”“日晚”。

这时人们晚餐已毕，酒足饭饱，正该出去四处行走、休闲、消食、玩耍。由于宋代取消了宵禁，夜市十分热闹。

从文献中钩沉历史，我们不难发现，宋人的夜生活如此丰富多彩，精彩程度一点儿也不亚于今人。若论幸福指数，大抵宋人的幸福感要远超于元人、明人，就是唐人与之相比，恐怕在一定程度上也得甘拜下风——毕竟，唐、元、明时期，城市里的人们吃完晚饭后就得老老实实待在家中、安安静静地度过漫漫长夜。而唐代的坊市制更是严格将居民区与商业区划分开来，居民区内严禁商业交易；商业区则遵循严苛的开市、闭市规定。

据唐代史学家韦述所著《西都杂记》中记载：“西都禁城街衢，有执金吾晓瞑传呼，以禁夜行，惟正月十五夜敕许弛禁前后各一日，谓之放夜。”也就是说，唐时长安实行宵禁，戍卫都城的官兵傍晚于城中击鼓，以此告知市民，“禁夜”即将开始，人人都得赶紧回到家中，不可在外闲逛，到次日钟楼晨钟响起，方可出外行走。一年之中，唯有正月十四、十五、十六日，此三日为欢庆元宵佳节可以“放夜”，不禁夜间活动。唐初宵禁尤其严，连皇子也不敢违禁。

而宋人呢，则可以“通宵买卖，交晓不绝。缘金吾不禁，公私营干，夜食于此故也。御街铺店，闻钟（约四更）而起，卖早市点心。”（宋·吴自牧《梦粱录》）一年365天，每个夜晚，他们都可以洒脱自在地行走在都城的夜色中，看遍汴河或者西湖上灯红酒绿，欣赏莺歌燕舞、烛影摇红，或者与挚友亲故相约一同去瓦舍勾栏观看百戏，这可是宋代的文艺人士无论男子、女子，都很爱的娱乐休闲项目。如果精神头儿上佳，宋人完全可以欢乐地玩个通宵。恐怕这才是真正的“人生得意须尽欢，莫使金樽空对月”。

这么一对比，宋人还真是很幸福呢！

清院本《清明上河图》局部：热闹的街市

一、夜市千灯照碧云，笙歌叫卖彻晓闻

宋代的夜生活，四季不停、风雨无阻，全天候营业，纵然“冬月虽大风雪、阴雨，亦有夜市”。至于气候宜人的春秋晚间，暑热半消的仲夏之夜，自更不必说。据《东京梦华录》所言：“（汴梁）都人最重三伏，盖六月中别无时节，往往风亭水榭，峻宇高楼，雪槛冰盘，浮瓜沉李，流杯曲沼，苞鲊新荷，远迩笙歌，通夕而罢。”

我们不妨遥想一下，每当夜幕降临，华灯初上之时，宋代的文人士大夫或者勋贵富庶人家的女眷立在樊楼之上，俯瞰汴梁都城，万千灯火，参差百万人

家尽入眼帘，何等豪气、何等惬意。

“（汴梁城）夜市直至三更尽，才五更又复开张。如要闹去处，通晓不绝。”“杭城大街，买卖昼夜不绝，夜交三、四鼓，游人始稀；五鼓钟鸣，卖早市者又开店矣。”从《东京梦华录》和《梦粱录》中这两段描写，我们不难看出，当时无论是北宋都城汴梁（今开封），抑或南宋都城临安（今杭州）城中，都可称得上彻夜笙歌的“不夜城”。令人不禁赞叹，这是何等繁华热闹的一番景象：市井中人可以通宵买卖，一直到了后半夜一两点以后，在外游逛的人才渐渐稀少，可是没过多久，凌晨三四点，做早市生意的店铺又开始营业了。可以说，繁荣的商业经济已经达到“日以继夜”的程度，一年三百六十五日全年无休。

说到宋代夜市，北宋汴梁最为人熟知的便是“州桥夜市”。毕竟“民以食

宋 张择端《清明上河图》 局部：热闹的街市

宋 张择端《清明上河图》局部

宋 张择端《清明上河图》局部

为天”，孟元老在《东京梦华录》中，用了数百字细细列举了州桥夜市上的美味，叫人如何能够轻易忘怀？旋煎羊白肠、鲊脯、麻腐鸡皮、广芥瓜儿、梅子姜、莴苣、笋、芥辣瓜儿、麻饮细粉、香糖果子、间道糖荔枝、越梅、锯刀紫苏膏、金丝党梅、香枨元、生淹水木瓜、药木瓜、鸡头穰、细料馉饳儿、盘兔、旋炙猪皮肉、野鸭肉、滴酥水晶鲙、煎夹子……如此多的美食，简直令人眼花缭乱。而且宋人十分讲究，纵使夜市小吃，也断不肯马虎，这些美味“皆用梅红匣儿盛贮”，卖相极佳，纵然不吃，光是看着已足够赏心悦目。这些美食因为都不是正餐，所以“谓之杂嚼”，这些小吃一直卖到后半夜一点！当时夜市生意火爆程度可见一斑。

不过，比州桥夜市热闹百倍的是汴梁城中最繁华的商业中心马行街。那里遍布医馆药铺、香药铺和官员宅邸，不仅白日车水马龙，连“夜市比州桥又盛百倍，车马阗拥，不可驻足”。蔡绦在《铁围山丛谈》里写道：“天下苦蚊蚋，都城独马行街无蚊蚋。马行街者，都城之夜市酒楼极繁盛处也。蚊蚋恶油，而马行街人物嘈杂，灯火照天，每至四更罢用，永绝蚊蚋。”夜市繁华热闹到连蚊虫都绝迹，实在也是令人匪夷所思。不过我觉得马行街上如果真的没有蚊虫，除了因为有其厌恶的油烟，或者还因为街上遍布香药铺，很多香药的气味都有驱虫之功效，蚊虫避之唯恐不及，由是绝迹也许更为真切可信。

至于南宋杭城，其夜市热闹程度比汴梁有过之而无不及。据《梦粱录》记载，杭城夜市除了卖小吃，还卖各色细巧物件儿，如细画绢扇、细色纸扇、异色影花扇、销金裙、逍遥巾、四时玩具等。并且杭城夜市的小商贩还会根据节令来调整售卖的小玩意儿。“春冬扑卖玉栅小球灯、奇巧玉栅屏风、捧灯球、快行胡女儿沙戏、走马灯……夏秋多扑青纱、黄草帐子、挑金纱、异巧香袋儿、木犀（樨）香数珠、梧桐数珠、藏香……”

说到这里，这种宋代特殊的售卖方式“扑卖”，需要略为解释一二。“扑卖”在宋代，本是一种博彩游戏，“以钱币为具，以字幕定输赢”，通俗说来，基本类似于猜硬币正反面。民间小商贩也很喜欢用“扑卖”法来促销：商贩和买家抛铜钱猜正反面，如果买家猜对，可以按照事先的约定，免费或者用很低的折扣价获得商品；若是卖家猜对，则买家需要付数倍的价格买下商品，或者干脆就是付钱却得不到商品。

“扑卖”有时仅抛一枚铜钱，有时会同时抛三枚、四枚甚至六枚、八枚。如果抛出的铜钱都为同一面，则称为“浑成”，为胜者；抛出的铜钱两面皆有，则称为“背间”，为输者。

宋代话本《赵县君乔送黄柑子》里有一段关于“扑卖”的描写：“一日，正在门首坐地，呆呆地看那帘内，忽见一个经纪，挑着一篮永嘉黄柑子过门。宣教叫住问道：‘这柑子可要博的？’经纪道：‘小人正要博两文钱使，官人作成则个。’宣教接将头钱过来，往下就扑。那经纪蹲在柑子篮边，一头拾钱，一头数之。怎当得宣教一边扑，一边牵挂着帘内人在里头看见，没心没想的抛下去，扑上两三个时辰，再扑不得一个浑成来。”这位宣教原想“空手博黄柑”，结果白花了不少钱，一个柑子也没能吃上。

其实宋代很多小商贩用来扑卖的铜钱都做过手脚，要想赢他们，并不容易。不过宋人对于“扑卖”购物的方式乐此不疲，一方面是贪图小便宜，另一方面，大约也是觉得颇为刺激吧。

在宋代，女子也可以逛夜市。市井百姓自不必说，就是身份金贵、规矩严苛的贵族女子也并非大门不出、二门不迈，她们也时常有机会感受美好的都城夜生活。据《东京梦华录》记载：“北山子茶坊内有仙洞、仙桥，仕女往往夜游吃茶于彼。”“向晚，贵家妇女纵赏关赌”。

汴梁城内的仕女夜游吃茶，泉城齐州（济南）的仕女更加洒脱，日暮游船、饮酒，兴许还趁醉偷摘两个莲蓬。“常记溪亭日暮，沉醉不知归路。兴尽晚回舟，误入藕花深处。争渡，争渡，惊起一滩鸥鹭。”（宋·李清照《如梦令·常记溪亭日暮》）

大抵宋人女子晚间出门并非难事，故而常有女子与心上人相期“月上柳梢头，人约黄昏后”。夜市之上，时见青年男女并肩同行，南宋著名词人辛弃疾大概也是曾与某位佳人于夜市有约，并且留下了极为美好的回忆，才能以生动形象的笔法写下如此饱含情感的词句：“蛾儿雪柳黄金缕。笑语盈盈暗香去。众里寻他千百度。蓦然回首，那人却在，灯火阑珊处。”

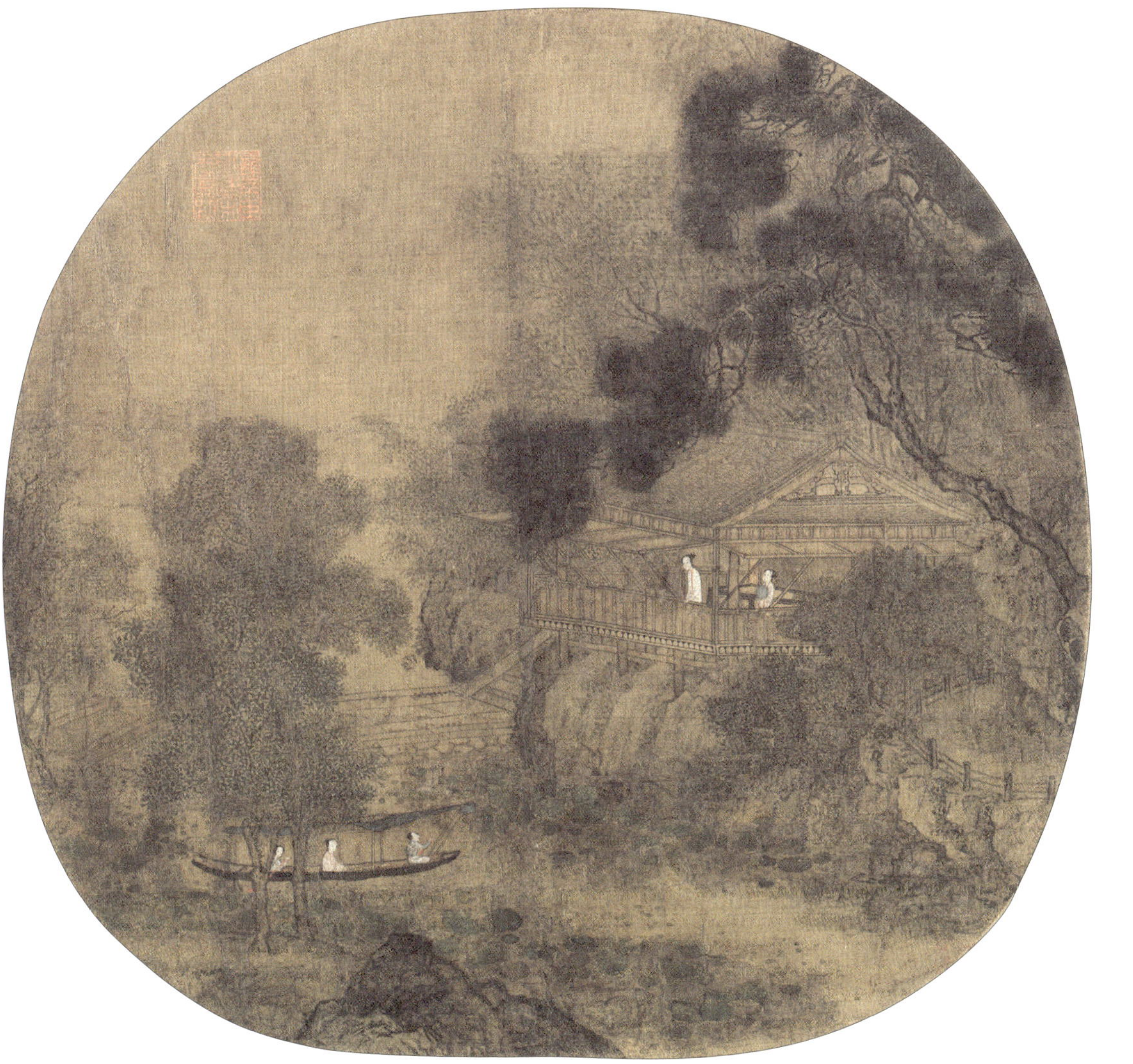

宋 王诜《莲塘泛舟图》局部

二、宋人的娱乐中心：瓦肆勾栏

在商品经济高度发达的宋代，为了适应人们的物质文化和精神文化需求，大城市中到处皆是瓦肆勾栏，这是宋人的娱乐中心，拥有众多休闲项目的商业游乐区。茶余饭后，阖家出行玩耍，或是青年男女约会消遣，瓦肆勾栏都是不二之选。

宋人所谓的“瓦”，又叫“瓦肆”“瓦市”，此外，“瓦子”“瓦舍”亦是同义，都是指宋人的娱乐场所，取其“来时瓦合，去时瓦解”，易聚易散之意，而在瓦肆里设置的百戏杂剧演出场所则为“勾栏”，也被称为“勾阑”“游棚”。

勾栏原意为曲折的栏杆或者上面雕刻、绘画有缠绕勾连纹样的栏杆，两宋时专门特指城中集市瓦舍里的演出戏棚。这些戏棚只有一个入口，观众需要买票入场。

通常勾栏建筑除了演出的戏台之外，还会设置戏房——演员候场、化妆之处，神楼——设在戏台对面、高出地面的观众席位，腰棚——设在看台两旁的观众席位。神楼和腰棚通常都设有遮阳挡雨的顶棚，腰棚的位置没有神楼好，座位价格也会略低一点儿。勾栏的大门入口处，还贴有花花绿绿的“招子”，十分抢眼，如果是演出，上面会写上当日的演出剧目名称和名角的艺名；如果是球赛，则会写上两支队伍的名称。

有精彩节目的时候，瓦舍一票难求。有人重金求座，这便催生了中国最早一批的“黄牛党”。

物质生活极大丰富的宋人，也十分追求精神生活的富足，他们酷爱观看百戏，喜欢流连游棚，“不以风雨寒暑，诸棚看人，日日如是。”（宋·孟元老《东京梦华录》）南宋临安的瓦舍共有二十四座，每座瓦舍中有多个勾栏，其中位于御街众安桥的“北瓦”（也称“下瓦”）内有十三座勾栏，是当时最热闹的所在；最大的勾栏可以同时容纳数千人。

勾栏内表演的百戏众多，内容涵盖很广，节目形式有杂剧、傀儡戏、诸宫调、鼓子词、嘌唱、唱赚、小唱、舞旋、讲史、说经、小说、合生、说诨话、弄虫蚁、斗鸡斗犬、蹴鞠、马戏、杂耍等。

还有一众民间卖艺人，因为技艺比勾栏内的艺人略微逊色，或者尚未闯出名头，或者路过某城市，他们不能在勾栏内演出，只能在路边宽阔场地表演各种杂技、歌舞、说唱技艺等，他们被称为“路岐人”。这样在露天场所献技表

宋 刘松年《傀儡婴戏图》局部：孩童们模仿戏台表演节目

演的形式，宋人谓之“打野呵”“雨来散”。偶尔，路岐人也会借空置的看棚进行表演，不过因为知名度不够，这些演出就不卖票了，而是由专人在棚外敲锣吆喝，延请路过的人前去观看，这便是“邀棚”。通常会在一个节目结束或者是演出至紧要关头时停住，向观众收费，然后再继续进行表演。

宋代有很多独特的表演形式，当时也涌出了一批赫赫有名的表演名家。

小唱：这种表演形式比较接近今日的“清唱”，伴奏乐器很少、声音也不甚响，有时甚至干脆就不用伴奏，对于艺人的要求非常高，唱功一定相当过硬才可。“小唱”都是女艺人来演绎的，因其曲调清雅，风格细腻婉约，所以这种表演深受文人士大夫青睐。据宋人张邦基《墨庄漫录》记载：“政和间，汴都平康之盛，而李师师、崔念月二妓，名著一时。晁冲之叔用每会饮，多召侑席。其后

山西洪洞水神庙壁画《大行散乐忠都秀在此作场图》

宋 杂剧《打花鼓》图

十许年，再来京师，二人尚在，而声名溢于中国。”从诸多的宋代文学作品中我们不难发现，当时最为有名的“小唱”艺人大概就是汴梁名妓李师师了，她不但和当时的诸多著名词人，如晏殊、秦观、周邦彦等颇为相熟，常获其赠词，连宋徽宗也十分欣赏她，留下了许多风流佳话。

嘌唱：一种音调曲折柔媚的唱法，以鼓板伴奏，“谓上鼓面唱令曲小词，驱驾虚声，纵弄宫调，与叫果子、唱耍曲儿为一体，本只街市，今宅院往往有

宋 杂剧《卖眼药》图

之”。（宋·耐得翁《都城胜纪》）当时的嘌唱名演员有张七七、王京奴、安娘、左小四、毛团等。因“嘌唱”歌词常涉香艳，大概有点“靡靡之音”的感觉，所以当时有的文人并不太认可这种表演形式。南宋人程大昌在《演繁露》中曾有言：“凡今世歌曲，比歌郑、卫又为淫靡，近又即旧声而加泛滟者，名曰‘嘌唱’。”南宋的秦淮河上，那些不知亡国恨的“商女”，其所唱的《玉树后庭花》，大约就是“嘌唱”了。

宋 李嵩《骷髅幻戏图》

唱赚：两宋时期民间流传的歌唱伎艺，是一种传统的说唱艺术，集诸家腔谱之大成的曲艺形式，它的曲牌既包括高雅的“大曲”“慢曲”“曲破”等艺术歌曲，也借鉴了当时的一些流行曲调，如“嘌唱”“番曲”“叫声”等；唱赚的唱词叫作赚词，唱赚的表演者称为“赚色”。施二娘、时春春、时佳佳、童二等都是当时有名的唱赚艺人。

说诨话：大约可以理解为宋代的“单口相声”，不仅吟唱合辙押韵的长短句，还掺杂有市井滑稽无赖的话语、笑话，是一种诙谐逗笑的语言表演形式。当时的讲诨话名家有张山人、蛮张四郎。

傀儡戏：傀儡，可以宽泛地理解为玩偶，有偶人、偶兽等，常用木制，所以今天我们也叫它“木偶戏”。宋代的傀儡戏十分发达，除了现在人们熟知的悬丝傀儡——提线木偶之外，还有杖头傀儡——杖头木偶、水傀儡、肉傀儡、药发傀儡等。

水傀儡应是在三国时的“水转百戏”基础上，进一步完善而成的傀儡戏。

宋 苏汉臣《侲童傀儡图》局部

《东京梦华录·卷七》中曾详细地记载了一次宋徽宗在临水殿观看水傀儡表演的场景：殿前的小船上，搭建了一座小彩楼，彩楼下面有三座小门，和平时表演的傀儡戏棚一般无二。音乐响起之后，彩棚的中门打开，可爱的小木偶人划着小小的船儿出来，玩具小船上有白衣偶人垂钓，木偶童子持桨划船。几圈过后，白衣偶人钓上一条真正的鲜活小鱼，伴着乐声，小船入棚。而后又有其他的木偶从彩棚中出来，伴着乐声表演蹋球、舞蹈等节目，十分精彩有趣。水傀儡直到清代才渐渐销声匿迹。

至于肉傀儡和药发傀儡则颇多争议，至今未有定论。从流传下来的古籍中，我们大概可以推知：药发傀儡是指借火药爆炸而使其活动，比如一些神话故事中的人物出现时伴随闪亮火光。肉傀儡出现在北宋后期，南宋时达到鼎盛，但具体形式是争议最多的，于史书的片鳞只甲中抽丝剥茧，猜测有二：一者或许是艺人用手指套着布偶表演，类似今天闽南一代的布袋戏；二者是指真人幼童模仿傀儡戏的表演。宋代的傀儡戏，因为剧情完整、演出精彩，不独孩子们爱看，很多成人也是座上常客。杖头傀儡任小三，悬丝傀儡张金线，药发傀儡温奴哥、真个强，这些都是当时的傀儡戏名家，但凡有他们的表演，勾栏内都是座无虚席；至于水傀儡李外宁，则曾在御前献艺，其能耐可想而知。

合生：又叫“合笙”。据《夷坚志》记载，合生，是指于表演场地上，观众即兴指定一个题目（通常为场上的实物），演员就能立刻以物为题，现场作诗吟咏。表演“合生”的，通常都是江浙一带颇通文采的女艺人。“双秀才”是《武林旧事》中记载的唯一一名合生伎艺人。

说话四家：宋代勾栏中，还有几种深受欢迎的曲艺表演形式，因为表演形式比较接近，都属语言艺术，所以被合称为“说话四家”。其中演史、说经、小说，这三者争议较少；“第四家”则众说纷纭，结合《都城纪胜》和《梦粱录》来看，其四为“商谜”或许最可靠。“演史”主要讲史书，讲说前代的书史文传，历史上的朝代兴衰更迭、攻伐战争。“说经”即演说佛教经典和人物故事。“小说”的题材最广泛，有才子佳人的故事、志怪、传奇、公案、武侠等。“商谜”是宋代专有的一种以猜谜形式为特征的说唱伎艺。

至于宋代的驯兽技艺，简直令人叹为观止！

“弄虫蚁”中有一项表演，叫作“蚂蚁角武”。“演员”为一黄一黑两队蚂蚁，插旗为号，各自以双方体型最大者为将；黄队为首的是大黄蚂蚁“将军”，黑队为首的是大黑蚂蚁“元帅”。演出开始后驯兽员在一旁敲鼓，敲第一次鼓，两队蚂蚁会排列整齐，列好阵势，如同两军对垒一般；敲第二次鼓，两队蚂蚁会开始“进攻战斗”；敲第三次鼓，两队蚂蚁会停止厮杀，各自后退一尺；敲第四次鼓，两队蚂蚁会各自回到自己的巢穴，井然有序，纹丝不乱。一番表演下来，俨然两支训练有素的军队，攻伐进退、令行即止，十分震撼！（《宋稗类钞》）

三、夜市携杖柳外凉，州桥南畔饮冰雪

《东京梦华录·州桥夜市》中提到：出朱雀门，直至龙津桥，自州桥南去，便是汴梁城中赫赫有名的“小吃一条街”。在诸多的美食列表中，各色饮品也是令人眼花缭乱；尤其是夏月（夏季）供应的那些时令饮品，不少美味光听名字就足以令人垂涎三尺：乳糖真雪、杨梅熟水、紫苏饮、卤梅水、漉梨浆、金橘团、香薷饮、梅花酒、沈（沉）香水、姜蜜水……正是“卖冰一声隔水来，行人未吃心眼开”。

宋代虽然并无电冰箱，但是人们要在夏日吃上一盏冰品，也并非难事。头一年的寒冬腊月里，专门负责采冰之人，将江河清流中所结的冰大块凿下藏在冰窖（通常都为比较阴冷的地窖）中，盖上草席妥善保存，次年天气炎热时取出使用。因为每年都有将近半数的藏冰会融化，所以冰窖

清代 柏木冰箱，
高 82 厘米，长 91 厘米，宽 90 厘米，
故宫博物院藏

山西洪洞水神庙元代壁画（局部）：
桌下的冰鉴中堆满了冰块，里面还有冰镇的瓜果

的藏冰量要远大于实际用量才行。当时还有一种“硝石制冰法”：用一个大容器盛适量水，再在大容器里放入小盆，小盆中装上干净的饮用水；在大容器中放入硝石，利用硝石溶解大量吸热的原理，待小盆中的水冻成冰块即可。这种隔水制冰的方法，非常适合常年气温多在冰点以上、难见冰雪的南方。

汴梁都城这样的繁华所在，六月中“巷陌路口，桥门市井皆卖”冰雪凉水这样的冷饮，路人随时可以买上一盏来解暑消渴。有的富贵人家，为了积德行善，还会在街头巷尾免费分发散暑药、冰水等物。

当时也有“冰箱”，叫做“冰鉴”，是一种特制的双层方形大箱，设计十分精巧，方鉴中空，呈大口套小口的“回”字形，外面是柏木，最里面一层为白铜，其下有基座或者高足，其上有盖，冰块储于夹层之中，可以存放很长时间。冷饮店中备上一个或数个，做好的冷饮也可以放到“冰箱”中保存，很是方便。宋代的皇宫内院或者豪奢人家，常将装满冰块的“冰箱”盖敞开，让丝丝凉气散开，可以降温解暑；瓜果亦可放入其中冰镇，吃起来冰爽可口，实在是夏日里的一桩美事。

虽说宋代的冰已经较前朝便宜了许多，但架不住皇室的用冰量也增加不少，宋廷每年夏日里平均用冰三万八千三百余段，数量十分惊人！如：宋高宗在太上皇时期，最爱在夏日里大量饮用“沆瀣浆”和“雪浸白酒（冰镇米酒）”，当时他虽已七十七岁高龄，大抵因为平时身体素质比较好，吃这么多冷饮也并无大碍。另外两位宋代的皇帝就没这么幸运了，宋孝宗就曾在与礼部侍郎的对话中亲自说道，“朕前饮冰水过多，忽暴下（腹泻），幸即平复。”（《宋史》第三百八十五卷）；而宋徽宗也曾因暑热天气食冰过量，导致脾胃失调，连国医圣手都久治无效。幸好后来有一医者进献“大理中丸”，并以冰煎药，徽宗才得以痊愈（见《本草纲目》）。张择端也在《清明上河图》画卷中，将“大理中丸医肠胃冷”作为店铺广告画入其中的一家医馆“赵太丞家”。

为了确保内廷夏日用冰，宋朝还专门设立了“冰井务”，这个机构负责管

宋 张择端《清明上河图》局部：赵太丞家

宋 刘宗古《瑶台步月图》局部

理采冰、储冰、颁冰（给官员赐冰）、清洗冰室等一系列事务，其职能和周代专为王室掌冰的“冰政”相仿，但功能更全面，分工更细致。

宋代皇室对于朝臣的礼遇和关怀还是挺无微不至的。据《宋史·礼志》记载：每年三伏炎暑之时，文武百官上朝时，皇帝都会赐以“冰雪”，以解暑气。“政府及要局修史修书之类，人日供冰二匣。”而“仆射、御史大夫、中丞、节度、留后、观察、内客省使、权知开封府”等重要大臣，四时八节都会特别赏赐吃食，三伏天中每五日还会得到皇帝额外赐冰；其中伏日所赐的为一种叫作“蜜沙冰”的冰品，是在红豆沙中浇上蜂蜜，兑入碎冰后食用，和今日的蜜豆刨冰颇有几分相似。

“滤蜜调冰结绛霜”（宋·李之仪《鹧鸪天·避暑佳人不著妆》），风雅的文人、仕女，也会在纳凉之时，一边嗅着荷香、坐待月色侵廊，一边“调冰荐饮”，或者直接将冰雪放入口中以此解酒，“玉人酒渴嚼春冰”（宋·朱敦儒《春晓曲·西楼落月鸡声急》）。

至于坊间百姓，也能在街市中买到各色各样的冷饮。《东京梦华录》等宋代文献记录了当时都城中生意兴隆的冷饮店，最豪华的两家竟然用银器来盛装给客人食用的冰品；《清明上河图》中，也有商贩在撑着大遮阳伞、挂着“香饮子”招牌的摊位上卖各色饮品。

沙糖绿豆甘草冰雪凉水：今人在夏日也常饮用冰镇绿豆汤，宋人则在其中又加入了“甘草”这味补益的中药，增添清热解毒、祛痰止咳之功效，更适宜夏日饮用。

荔枝膏：此膏虽以“荔枝”为名，但其实其中并没有添加任何荔枝的成分。据宋代药典《御药院方》记载：以乌梅、麝香、生姜、蜂蜜、肉桂，加水慢熬后滤去渣，加水再熬，熬成粘稠的胶状物，尝起来有荔枝的味道。夏日若有中暑症状，可以取一勺此物，以温水调匀冲服，颇为有效。当然，若是口渴嘴馋，也可以将此物当作普通饮品来喝，若加入冰屑，口感更佳。

冰雪冷元子：将黄豆炒熟，去皮之后研成粉，在黄豆粉中兑入蜂蜜或者砂糖调味、加水团成龙眼大小的小丸子，吃时调入冰水。当时的一些“川饭”店，也卖另一种“冰雪冷元子”——其实就是冰镇糯米小汤团：用糯米粉加水和匀，揪成指肚大小的小糯米团入沸水中煮熟，吃时调入加了蜂蜜或者砂糖的冰水。

水晶皂儿：据北宋庄绰《鸡肋编》所载：“浙中少皂荚，澡面、浣衣皆用肥珠子。木亦高大，叶如槐而细，生角长者不过三数寸，子圆黑肥大，肉亦厚，膏润于皂荚，故一名‘肥皂’，人皆蒸熟曝干乃收。京师取皂荚子仁煮过，以糖水浸食，谓之‘水晶皂儿’。”也就是说，当时汴梁人把皂角米（又叫雪莲子）煮熟，浸泡在糖水中，口感软糯甜香，因其形态呈半透明状，颇似水晶，故而得名“水晶皂儿”，实在是一道卖相和味道都不错的冷饮。

宋代还有一种颇为流行的饮品叫做“熟水”或者“香饮子”。其实就是用

宋 张择端《清明上河图》局部：“香饮子”

天然花果、香药、调味品等加工而成的饮料，即可解暑消渴，也有一定的保健、药用功效，风靡两宋，也有人称其为“汤饮”或“汤”。李清照因为在夏日里常有脾胃湿热的问题，所以她自制了一种“白豆蔻熟水”，据《本草拾遗》记载，白豆蔻可祛湿健脾，香药同源，由此可见，像李清照这样善于调香之人，果然都是熟知药理的。

香花熟水：将水煮沸后晾凉，在其中放入玫瑰、茉莉、柚花等任一种香花，花朵需择选半开的，香气最为美妙，浸泡一夜后，花朵中的香气慢慢浸染到水中。次日，把花撇去，用热水冲入花香水中即可。

汤绽梅：冬日里用竹刀将梅花花苞摘下来，将其蘸上蜂蜡（目的是为了把梅花香气封在花苞中），浸入蜜罐保存。夏日时取出加热水冲泡，梅花会在热汤中慢慢绽放，花朵摇曳生姿，其香远益清（见《山家清供》）。

《事林广记》中也记载了不少饮子方，其中最为特别的就是“沉香熟水”：用一片干净的瓦片，在灶中烧至微红后放在平地上，放上一小片沉香，将干净的茶瓶倒扣，用瓶口盖住沉香，使其香气都进入瓶中。估摸着沉香的香气差不多都熏出来之后，翻转瓶子，用最快的速度往其中倒入滚水后密封即可。用同样的方法，也可以制作“檀香熟水”。用这种方法制作“香料熟水”，需要有较高的技巧，无论是对瓦片加热的温度控制，还是对于沉香、檀香出香时间的掌握，甚至倒入沸水后密封等系列动作一气呵成的速度，都会影响沉香熟水或者檀香熟水的品质。

对于宋人而言，在炎夏酷暑的夜晚，看着瓦舍里精彩演出，再吃上一盏消暑饮品，这实在是神仙一般的日子啊！

南宋 佚名《霜柏山鸟图》局部

亥

第十一章

亥时：
夜深人定处，
沈水卧时烧

亥时，夜间九点整至十一点整。此时夜色已浓，人们大多也该上床安寝休息了，所以这个时刻谓之“人定”，又被称为“人静”之时。

这个时刻，通常瓦舍表演都已结束，夜市上虽仍有乐不思归的游客，和一些为了生计继续营业的小商贩，但大多数人已陆续回到家中整理歇下。也有一些为博功名的读书人，此时仍在案前秉烛夜读，直至夜深。正是“夜贫灯烛绝，明月照吾书。”（唐·孟郊《北郭贫居》）

一、绿衣捧砚催题卷，红袖添香伴读书

“朝为田舍郎，暮登天子堂”（宋·汪洙《神童诗》），这或许是古代所有读书人的美好愿景。对于很多出身贫寒的人而言，科举大约是能改变他们命运的唯一途径。因为宋代重文抑武，十分重视科举，取士不问家世，甚至连宋

清 陈宇《仕女图·玉局敲闲》局部

宋 刘松年《山馆读书图》局部

真宗都说："富家不用买良田，书中自有千钟粟；安房不用架高梁，书中自有黄金屋；娶妻莫恨无良媒，书中自有颜如玉；出门莫恨无随人，书中车马多如簇；男儿欲遂平生志，六经勤向窗前读。"（宋·赵恒《劝学诗》）

的确，在宋代，贫家儿郎若能一朝金榜题名，不但可以从此走上仕宦之途，通常还会有送上门来的姻缘。"榜下捉婿"是极富宋代特色的婚姻文化：发榜之日，有待嫁女儿的富绅之家一早便在榜下守候，一旦看到榜上有名的士子年纪不算太大、模样尚能看得过去的，便蜂拥而上，强行"抢"回家中做女婿。这个"捉"字，可谓十分生动贴切了。

科举中尤以"进士科"最受推崇，因为进士一等常可官至宰相，所以又以此为"宰相科"。

进士科通常每三年一开，普天下不知有多少读书郎想要金榜题名，但每次统共才取一两百人，这竞争之激烈，不言而喻。所以，正如颜真卿在《劝学》中所言：“三更灯火五更鸡，正是男儿读书时。”挑灯夜读至午夜十二点、一点方才睡下，凌晨五点便又闻鸡起舞，真是十分刻苦。十年寒窗无人问，日日攻书至深夜，是当时读书人的常态。

可是若在这般苦累烦闷的学习过程中，能够有一点点的轻松调剂，那是何等幸事？对于熬夜苦读经史子集的男子来说，他们心中最美好的场景，大约就是“绿衣捧砚催题卷，红袖添香伴读书”了。关于绿衣，通常有两个解释，其一说是因为古代僮仆常穿绿色服饰，故而以此指代小僮，此处结合全诗意境，取另一个说法，按《诗经·邶风·绿衣》典故，“绿衣”指代的是受宠的妾侍。

古法行香：隔火熏香

试想一番：炎夏酷暑，美貌的绿衣妾侍在一旁轻挽衣袖，皓腕微露，纤纤玉指执一方墨锭，于砚台中轻轻研磨；又或者在寒冷的冬夜里，心爱的妻子为其捧上一炉温暖馥郁、清甜提神的香，置于案头，红色的衣袖轻轻拂过书卷，这是多么浪漫温馨的场景。

红袖添香，添的可能是一粒和合香制成的香丸，所用的熏香之法，应是宋人极其喜爱的行香法——“隔火熏香”。这种熏香方法十分雅致：先以香箸将香炉中的香灰轻轻搅松，在香炉中埋入一颗燃烧的小炭，松松地盖上香灰，将香灰整理成小山形状，用香箸在灰山的顶端开一个小口，放上云母片或者银叶片（很薄的银片）等做隔片，再放上香材，一炉隔火熏香便做好了。

以此种方法来品香，不见烟气，只有香材柔和的香味在小炭的烘烤下缓缓散发，高雅清幽，十分曼妙。不过隔火熏香对于行香人的手法要求颇高，如果操作不当、火候掌握有偏差，差一分则香气过于浅淡，增一分则很可能便产生焦糊气味，从而糟践了好香品。也难怪当时的女子做好一炉香后，需要以手覆其上，测试香炉温度，倘若不合适，便得重新再做一炉；如此反复几次，“几度试香纤手暖”，可见这熏香功夫着实不易。

“南宋四大家”之一的杨万里曾作《烧香七言》详解隔火熏香的要点和品香之妙：“琢瓷作鼎碧于水，削银为叶轻如纸。不文不武火力匀，闭阁下帘风不起。诗人自炷古龙涎，但令有香不见烟。素馨忽开抹利拆，低处龙麝和沉檀。平生饱识山林味，不奈此香殊妩媚。呼儿急取蒸木犀，却作书生真富贵。”

宋人的审美清隽高远，所以爱用的香炉多为样式简洁的瓷香炉，无盖或者有简单的盖，不比唐代香炉样式繁复，多为金属香炉。所以这如水般青碧的瓷鼎炉正是诗人的常用之物。银的导热很好，将薄如纸的银片裁成叶子状来做隔火熏香的隔片正合适。当然，云母片和薄的瓷片、玉片甚至瓦片均可为隔片。火力均匀，不文不武，正好让香品的香气悠然和缓地散发。隔火熏香因香气清幽，不如篆香浓烈，所以要求在空气流通相对较小的房间内，关窗闭户，不可让大风穿堂而过。如此熏香，方能“有香不见烟”。由此诗可见，杨万里也是个用香高手。不但隔火熏香手法了得，和香的本事也不小，竟能在一款香丸中调入素馨、茉莉、麝香、沉水香和檀香等多种气味，并且层次分明，意蕴悠远。

杨万里曾在绍兴二十四年（1154年）考中进士，想必他也曾经历过“红袖添香夜读书”，所以，他在品香之时，方能有“却作书生真富贵”的深切感慨。

二、熏香临欲睡，玉漏已三更

若非需要攻书到深夜的士子，也非通宵流连夜市的纨绔子弟，亥时便该上床歇息了，古人认为“人定”之时入睡，是最宜养生的。

历朝历代中，若以留下的文献资料来看，宋人无疑是最爱睡、也最会睡的了。南宋著名理学家蔡元定还总结了一套《睡诀》：“睡侧而屈，觉正而伸，勿想杂念。早晚以时，先睡心，后睡眼。”也就是说要按时睡觉、作息规律、排除杂念、微微躬身、静心侧睡。

在睡姿问题上，古人一向都提倡侧睡，反对仰卧，有“侧龙卧虎仰瘫尸”的说法。唐代著名医学家“药王”孙思邈就曾在《千金要方》中说到：“屈膝侧卧，益人气力，胜正偃卧。”被宋太宗甚为推崇的修道之人陈抟老祖有“睡仙”之称，他在《希夷安睡诀》中详尽地说明了侧卧法的具体细节：“左侧卧，则屈左足，屈左臂，以手上承头，伸右足，以右手置右股间。右侧卧，反是。”以此睡姿，身体大体上呈半月形，恰好符合“卧如弓”。

至于侧卧方向，以右侧卧最佳，此睡姿佛家称为“吉祥睡”。从人体结构来看，这种睡姿也比较科学。

对于须臾离不得香的宋人而言，睡眠之时，也需妙香相伴：李清照最爱“沈（沉）水卧时烧”（宋·李清照《菩萨蛮·风柔日薄春犹早》），张榘则喜欢“龙香熏被罗屏绕”（宋·张榘《青玉案·龙香熏被罗屏绕》），而赵长卿则是颇为钟情“香熏斗帐相逢乍。正宫漏、沈沈（沉沉）夜。”（宋·赵长卿《御街行·香熏斗帐相逢乍》）

宋人对于调香极为讲究，不同场合用的香品，其香气扩散范围都有精准控

炉烟袅袅，最能使人静心（图：张旭明）

制。宫廷之中，空间辽阔，便会用香味浓郁、庄重端肃的“宫中香”，比如以宋徽宗年号命名的“宣和御制宫中香”，发香范围十分远阔，上百平方米的空间中都可氤氲香气。衙门公堂之上，空间比宫殿中要小一点，所以会用香味略浅淡少许的“衙香”，比如“后蜀孟主衙香”“苏内翰制衙香”；香在卧室床帏之间，那自然要用香气清雅舒缓的“帐中香”，发香范围只在床帐的方寸之间，甜美甘醇、十分宜人，比如气味清甜的“鹅梨帐中香”。

宋代《香谱》中记录了“江南李主帐中香”的制法：用沉香一两细剉，加以鹅梨十枚研取汁，于银器内盛却，蒸三次，梨汁干即用之。沉香气味沉稳甜凉，有让人宁神安心之功效，加上鹅梨汁的果香清甜，更加让人心情舒缓、愉悦。以此作为睡前焚熏的“帐中香”，不啻为“助眠神器”。

宋 《海棠蛱蝶图》

后记

创作这本书，源于一个很偶然的机会，与这本书的策划编辑郑毅女士聊起最喜欢的朝代，“宋代”是毫不犹豫、脱口而出的答案。从儿时看《射雕英雄传》起，我便格外关注这个朝代。家中关于“宋”的书籍最多，闭上眼，宋代那些五光十色的场景便如走马灯一般出现在眼前。

宋代，是我国古代历史上最为光华耀眼的朝代，展开《清明上河图》画卷，那栩栩如生的场景，令人仿佛穿越回到千年前的汴梁，如此繁华、如此富庶，实实在在的太平盛世气象。

虽然我在儿时读到的很多书籍在提到宋朝时，都喜欢用“积贫积弱”“盛唐弱宋”之类的词来形容。然而事实上呢，在上千年的封建皇朝中，我个人认为没有哪个朝代的人比宋人更幸福、更富裕。

宋人吴箕在其所著的《常谈》中写到：“《史记·货殖列传》中，所载富者，固曰甚盛，然求之近代，似不足道。樊嘉以五千万为天下高赀。五千万钱在今日言之，才五万贯尔。中人之家，钱以五万缗计之者多甚，何足传之于史？”吴箕认为在汉代，因为杜陵樊嘉的资产有五千万钱，而被称为当时的天下巨富，载入史书。而这样的资产放到他所生活的时代看，不过是中等人家的资产，这样的人家多到不胜枚举，根本没什么了不起。

沈括在《梦溪笔谈》中说：“唐人作富贵诗，多记其奉养器服之盛，乃贫眼所惊耳。如贯休《富贵曲》云：‘刻成筝柱雁相挨。’此下里鬻弹者皆有之，何足道哉？又韦楚老《蚊诗》云：‘十幅红绡围夜玉。’十幅红绡为帐，方不及四五尺，不知如何伸脚？此所谓不曾近富儿家。”唐人觉得奢华富贵的器物，在沈括眼里十分稀松平常，这是源于宋代经济发达和科技进步带来的红利。就像在盛夏酷暑，要在路边喝到一盏冰凉饮品，唐朝的老百姓是不敢想象的，宋人就可以！

吴箕和沈括的这两段文字中，虽然用语平实，可是透过字词感受到的，满满都是他们身为宋人的骄傲与自豪。

宋朝如此豪阔，宋朝的皇宫却不甚大，远远不比汉、唐、明、清的皇宫占地甚广、气势恢宏。然而，若知道这其中的原委，或许只会更加羡慕宋人。

宋代宫城前身只是节度使的治所，虽在立国后，宋太祖扩建了皇城的东北角，但周长也不过五里，明代的皇城周长为十八里！宋代的统治者也想有更宽敞的宫城，甚至连规划图纸都已经做出来，但皇城周围都是民居，宋廷派官员去询问了周围居民的意见，结果他们大多因为世代祖居于此，不愿意搬迁。宋太宗也说："内城褊隘，诚合开展。拆动居人，朕又不忍。"（清·徐松《宋会要辑稿·方域一》）这件事就从此作罢。就连最任性、最爱劳民伤财的宋徽宗，想为王孙公主"建第筑馆"时，也会想到"深虑移徙居民，毁撤私舍，久安之众，遽弃旧业，或至失所。言念赤子，为之恻然"（清·徐松《宋会要辑稿·方域二》），甚至专门下了诏书："将来缮修诸王外第与帝姬下嫁，并不得起移居民。"（清·徐松《宋会要辑稿·方域二》）

南宋的临安皇城更加狭小，可在临安府曾想将近城的僧舍拆掉一部分，修建行宫时，宋高宗也不同意，"僧家缘化，营葺不易，遽尔毁拆，虑致怨嗟。朕正欲召和气，岂宜如此？""（行宫）但给官钱随宜修盖，能蔽风雨足矣"（清·徐松《宋会要辑稿·方域二》）。

在多数封建统治者的思想中，"普天之下莫非王土，率土之滨莫非王臣"，皇帝想扩建一下宫城，何须征询百姓意见；最多不过多给些补偿便可。如宋代皇帝这般行事的，应是凤毛麟角。

宋代并不重男轻女，甚至很多时候更重视女儿。不说宋代女子可以从小接受很好的教育，是史上仅有的女子可以参加科考的时代；也不提宋代女子能自立门户开店经营；甚至宋代女子不论出身高低都可以游逛夜市……单说宋代女子有独立财产权，这点就很令其他朝代的女子艳羡不已。为了让女儿出嫁后过得更好，宋人盛行厚嫁。宋室皇子娶妻平均花费一万两；公主下嫁平均花销却达十万两！范仲淹是个极有家族观念的封建大家长，范氏族中的婚丧嫁娶他都会资助。为了公允起见，他规定：族中儿郎娶妻，以二十贯钱的标准准备彩礼；族中女孩儿出嫁，以三十贯钱的标准置办嫁妆。南宋理学家吕祖谦也定了类似的族规："嫁一百贯文省，婚五十贯文省。"由此可见，不论门第高低，宋代嫁女儿比娶媳妇花费更多。

作为吃货，对于《东京梦华录》《梦粱录》《山居清供》等书卷中的美食，简直垂涎三尺。

作为文艺青年，对于文字中都浸芳染香的宋代诗词爱不释手；对于宋代那许多浪漫的故事更是忍不住击节赞叹。明代传奇剧本《玉簪记》便是根据两宋时真实发生的故事而写：少女陈娇莲在靖康之变中与父母走散，流落到金陵女贞观，不得已做了道士，道号妙常。状元张孝祥邂逅陈妙常，为其绝美姿色倾倒，写下《杨柳枝》倾述爱慕之心：

碧玉簪冠金缕衣，雪如肌；从今休去说西施，怎如伊。

杏脸桃腮不傅粉，貌相宜；好对眉儿共眼儿，觑人迟。

在状元郎眼里，心上人儿美貌无双，连西施都比不上她。结果陈妙常不为所动，回了一首《杨柳枝》拒绝：

清净堂前不卷帘，景悠然；闲花野草漫连天，莫胡言。

独坐洞房谁是伴，一炉烟；间来窗下理琴弦，小神仙。

态度清清楚楚，毫不拖泥带水，斥道："莫胡言"，独坐洞房，却有香、琴为伴，过着神仙日子，毫不寂寞。

张孝祥见妙常不但美貌还如此有才，更加心仪。姑娘不待见自己，他便托好友潘必正去照看陈妙常。大约缘分使然，陈妙常竟然与潘必正情投意合，甚至珠胎暗结。按律法道姑不能嫁人，无计可施的潘必正只好去找张孝祥求助。

大度的张状元不但没有生气，反而出了一个妙招，让潘必正到官府去禀明他与陈妙常原是指腹为婚，不幸失散，终于重逢。如此两人的姻缘才算名正言顺。这样宽厚大度的张孝祥与缘分天定的潘陈二人，共同谱写了一个浪漫的爱情传奇。

宋代文人大多敢于直言，或许某种程度上，可以算是封建皇朝中，言论相对由的朝代。因为开国皇帝赵匡胤曾"勒石作戒"，其中一条便是“不得杀士大夫及上书言事人”。后世的宋代统治者都遵守遗训，不曾有违。这在生杀予夺的封建统治者中，也是难能可贵的。

很庆幸近年来，看到越来越多的史料为宋朝正名，用一系列的数据和史实来证明，宋朝，不弱；不但不弱，还十分强盛。

著名的美国历史学家斯塔夫里阿诺斯在《全球通史》中，把宋朝称为“黄金时代”，“当时中国（宋朝）的经济占主导地位：中国的出口品大多数是制成品，如丝绸、瓷器、书画等，而进口品多半是原材料，如香料、矿石和马匹等。”由此可见，宋朝由于科技文化发达、生产力技术提高带来的巨大优势，致使当时出口的都是高级技术产品，由此获得的利益与价值是十分可观的。亨利·皮朗也在《中世纪欧洲经济社会史》中指出：“宋朝在各方面的优势，有力地巩固了中国在国际贸易中的主导地位。”

陈寅恪先生在《邓广铭〈宋史职官志考正〉序》中书：“华夏民族之文化，历数千载之演进，造极于赵宋之世。”

感谢多年挚交雷鸣东先生、程孟辉先生、流溦紫女士（按年齿序）对本书的认可和支持。

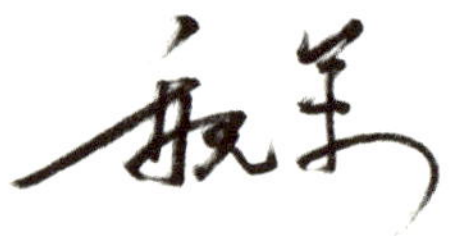

甲子年春于京北文馨馆